RUTH BECKERMANN
UNZUGEHŒRIG

UNZUGEHŒRIG
ŒSTERREICHER UND JUDEN NACH 1945
RUTH BECKERMANN

LŒCKER VERLAG
WIEN 1989

Gefördert vom Bundesministerium für Wissenschaft und Forschung. Gedruckt mit Unterstützung des Kulturamtes der Stadt Wien.

INHALT

für Hans Thalberg

Ich danke meinen Freundinnen und Freunden – besonders John Bunzl und Evelyn Klein – für die vielen Gespräche über das ewige Thema.

DAVOR, DANACH

First we take Manhattan, then we take Berlin
Leonard Cohen

WÄHREND ich diesen Text schrieb, dachte ich oft an ein Photo von der Kinderjause an meinem dritten Geburtstag. Viele Kinder sind um den mit Kuchen und Kakaokannen beladenen Tisch versammelt. Unsere Nasen reichen kaum über die Tischplatte, die meisten stehen auf den Sesseln, um besser an das Schlagobers heranzukommen. Ein kleines Mädchen in kurzem Kleid mit weißem Piquéekragen betrachtet ratlos ihre von Tortenkrümeln klebenden Hände. Zwei Buben in großkarierten Hosen aus dem Care-Paket oder vom Onkel aus Amerika streiten um einen Sessel. Hinter dem Tisch, für das Photo aufgereiht, stehen die Eltern und lächeln in die Kamera. Eine Mutter berührt die Schulter eines Mädchens, um diskret ihren stolzen Besitz aus der Kinderschar hervorzuheben. Die meisten Erwachsenen sind in Osteuropa geboren und erst seit einigen Jahren in Wien. Einige Frauen sind darunter, die aus Wien nach Palästina geflüchtet sind und wegen eines Mannes zurückkehrten. Ich erkenne einige Kindermädchen. Seltsam, wie unbeschwert unsere Eltern gleich nach Kriegsende nicht-jüdische Mädchen aufnahmen. Wieso nicht, sagt meine Mutter, was konnten denn die jungen Mädchen dafür? Sie hat recht. Mit einer anderen Einstellung hätte man nicht hier leben können.

Alle schauen stolz auf die Kinder. Jüdische Kinder im Wien der fünfziger Jahre. Jedes Kind ein Wunder. Mit Gottes Hilfe vielleicht sogar ein Wunderkind. Die Kinder würden alles erfüllen, was die Eltern einmal für sich erträumt hatten und was mit vielem anderen unterging. Sie würden eine Kindheit haben und eine Jugend. Sie würden glücklich sein. Sie müssen glücklich sein. Sie würden von hier weggehen, nach Israel, nach Amerika. Dorthin, wo es »eine Zukunft gibt«. Dieser Wunsch hat sich erfüllt. Zwei Drittel meiner Freundinnen und Freunde haben sich, diesmal undramatisch, wieder in die Welt zerstreut. Ein Mädchen lebt in Brasilien, einige, die auf dem Photo abgebildet sind, leben in Israel, in New York, in London. Einige blieben und wuchsen zu Juden in Österreich im Jahr 1988 heran. Jeder mit seiner Geschichte. Doch die Kinder der Kinderjause von 1955 haben etwas gemeinsam. Unsere Gefühle und Gedanken, unsere Identität als Kinder der Überlebenden, werden in diesem Land ignoriert und beleidigt. Der österreichische Diplomat Hans Thalberg schreibt in seinen Erinnerungen, daß er eher mit einem Holländer oder Jugoslawen eine gemeinsame Sichtweise über die Nazizeit finden könne als mit einem Österreicher. Ein gedanklicher und gefühlsmäßiger Graben trenne ihn von dem Land und den Leuten, denen er sich in seiner Jugend zugehörig gefühlt hat. In diesem Graben wurden wir geboren. In Familien, für die nichts mehr war wie früher. Eine Welt war für sie zerbrochen, während rundherum die *nationalsozialistische Volksgemeinschaft* ziemlich bruchlos in das Nachkriegsvolk überging. Die Österreicher waren sich darin einig, daß die Judenverfolgung allein unser Problem sei, nicht etwa ihres. In den fünfziger Jahren empfahlen uns die Sozialisten die »Selbstauflösung« als

»natürliche Lösung« unserer Probleme. Die Mehrheit meint weiterhin zu wissen, was für uns das Richtige sei. Daran hat sich nichts geändert. Daran ändert auch ein Gedenkjahr nichts. »Die Erniedrigung ist schon bei den Christen ein Symbol für Widerstand gewesen, lernt's was von den Christen«, rät der Bildhauer Alfred Hrdlicka den Juden, die sich von seinem auf dem Bauch liegenden Bronzejuden beleidigt fühlen. »Die Juden müssen wieder zu uns kommen«, befiehlt Günther Nenning, »die Verjudung Österreichs muß wieder hergestellt werden.« »Die Juden sind auch nicht mehr, was sie einmal waren«, jammert der Starkolumnist des antisemitischen Massenblattes ›Kronen Zeitung‹. Österreich hat im Jahr 1988 entdeckt, wie nützlich die toten Juden sein können. Da ein Museum aufgestellt, dort eine Gedenktafel angebracht – das macht sich im Ausland gut und gefällt dem jüdischen Establishment.

Die Kinder der Überlebenden sind dagegen nicht mehr bereit, still zu sein, mit Antisemiten zu diskutieren oder um Mitleid zu werben. Wie schmerzhaft ihre Kindheitserlebnisse auch waren, rückblickend erkennen sie, daß ihnen das Gefühl der Unzugehörigkeit schließlich die Augen und die Welt geöffnet hat.

Mit dem Abspulen der Veranstaltungen geschah, was Susan Sontag für unmöglich hielt, als sie meinte, die Bilder von Bergen-Belsen, die einen Schock bei ihr ausgelöst hatten, der ihr Leben in zwei Hälften teilte, würden niemals Gewohnheit werden. Nach diesem Jahr sind die Bilder Gewohnheit geworden. Sie wurden schamlos benutzt und wiederholt, bis sie abgegriffen und kraftlos waren. Wer sieht sie noch genau an? Wer sieht in die Gesichter?

Es gibt eine Menge Photos aus dem Wiener März 1938. Grinsende Menschen, die bodenreibenden Juden zusehen. Ich habe mich oft gefragt, wieso in all den Jahren seit Kriegsende niemand auf die Idee gekommen ist, mit den Photos in der Hand auf die Suche nach diesen Menschen zu gehen. Ihnen ihr Grinsen vorzuhalten.

Am Ende des Gedenkjahres 1988 habe ich die in Stein gemeißelte und in Bronze gegossene Antwort bekommen. Die Stadt, in der ich wunderlicherweise geboren wurde, hat ihrer Selbstgerechtigkeit ein Denkmal gesetzt. Das ›Mahnmal gegen Faschismus und Krieg‹ auf dem Albertinaplatz besteht aus vier mit Namen versehenen Teilen, die chronologisch betrachtet werden sollen und besagen: Das Tor der Gewalt: Wir waren Opfer. Opfer der Nazis und Opfer des Krieges. Der kniende Jude: Das haben *die Nazis* den Juden angetan. Der dritte Teil zeigt Orpheus auf dem Weg in die Unterwelt, wo er anscheinend Krieg und Konzentrationslager kennenlernt und doch mit seinem Leierspiel den Höllenhund Kerberos und Hades selbst bezaubert. Dieser gibt ihm Eurydike zurück unter der einzigen Bedingung, Orpheus dürfe nicht zurückschauen, bis sie ans Sonnenlicht gelangt seien. Orpheus dreht sich jedoch nach seiner Frau um – und verliert sie für immer. Wer zurückschaut, statt den Blick in die Zukunft zu richten, wird bestraft. Ende gut, alles gut. Orpheus kehrt zurück in die Zweite Republik. Der vierte Teil des Mahnmals ist der Stein der Republik, die Sinngebung des Sinnlosen, das optimistische Ende. Der Massenmord hatte doch einen Sinn, denn frisch und frei entstand die Zweite Republik. In den Stein ist die am 27. April 1945 verkündete Unabhängigkeitserklärung Österreichs gemeißelt, die versteinerte Geschichtslüge von Österreich als erstem Opfer Adolf

Hitlers, der »das macht- und willenlos gemachte Volk Österreichs in einen sinn- und aussichtslosen Eroberungskrieg geführt hat, den kein Österreicher jemals gewollt hat«.

Dafür sind die Juden nicht umgekommen. Ihr Tod hat überhaupt keinen Sinn gehabt. Weder die Gründung einer zweiten Republik Österreich noch die Gründung eines jüdischen Staates eignen sich als Sinngebung des für die Opfer absolut sinnlosen Todes in einer Gaskammer in Auschwitz oder Mauthausen.

Das ›Mahnmal gegen Faschismus und Krieg‹ soll auch eine unhistorische, sich an die Friedensbewegtheit anbiedernde Absage an Krieg schlechthin bedeuten. Als hätten nicht gerade die Gegner und Opfer des Nazismus alle Hoffnung in das Näherrücken der Front und die Befreiung der Lager gesetzt. Als hätten singende und betende Friedensapostel Auschwitz und Mauthausen und schließlich auch Wien befreit. Das Mahnmal Alfred Hrdlickas kommt der Meinung all jener entgegen, die bedenkenlos Opfer gegen Opfer aufrechnen: die Kriegsopfer gegen die Opfer der nationalsozialistischen Gesinnung – Juden, Zigeuner, Homosexuelle, Geisteskranke. Und die nichts davon wissen wollen, daß es ohne die Begeisterung für den Nazismus auch keinen deutschen Eroberungskrieg gegeben hätte, daß es ohne Coventry kein Dresden und keine Toten des Philipphofs auf dem Albertinaplatz gegeben hätte.

Vor der Aufstellung des Denkmals tobte der symbolträchtigste Kulturkampf des Jahres, der sich jedoch hinter den Gefechten um die Weltanschauung und den Stil des Künstlers wieder um den ewigen Streitpunkt zwischen den beiden großen Lagern drehte, ob die Zeit zwischen '34 und '38 als Faschismus in den Giftschrank zu sperren sei oder nicht. Daß da mitten in Wien ein boden-reibender Jude aufgestellt werden sollte, regte kaum auf. Jemand fragte zaghaft, ob diese Skulptur die Wiener nicht doch überfordere. Ob diese Figur vielleicht die Juden beleidige wie ähnlich derbe Darstellungen von Vergewaltigungen die Frauen, war gleichgültig. Die Darmstädter Frauen protestierten gegen die Zurschau-stellung von Hrdlickas einschlägigen Zeichnungen im Justizgebäude ihrer Stadt. Die Juden schwiegen. Ihr Selbstbewußtsein war so angeschlagen, daß sie keinen eigenen Standpunkt einnahmen und verteidigten, son-dern andere einen Streit austragen ließen, in dem sie nicht vorkamen.

Vielleicht sagten sie sich, diese Figur ist nicht für sie ge-macht. Sie soll die Wiener an ihre Schandtaten erinnern; daran, daß all das in dieser Stadt geschah. Das ist ein ehrenwertes Anliegen. Gebe ich mich jedoch mit dieser Erklärung zufrieden, so bin ich einverstanden damit, daß Denkmäler aufgestellt werden, die nicht für mich ge-macht sind, daß diejenigen, die sie machen, nicht an mich denken. Ich überlasse ihnen wieder einen Ort. Zu allen Gasthäusern, Berghütten, Sportplätzen, die ich meide, um der Volksseele auszuweichen, kommt der Albertinaplatz.

Was immer dieses Denkmal den Wienern sagen will, mir sagt es: Im Staub seid ihr gelegen. Auf dem Bauch seid ihr gerutscht. Und das ist heute unser Bild von euch. Fünfzig Jahre danach formen wir euch nach diesem Bild. Als frommen Alten. Das rührt ans Herz und rückt die Opfer gleichzeitig in angenehme Distanz; suggeriert es doch, daß die Juden ein seniles, alters-schwaches Volk waren, dessen natürlicher Tod kurz bevorstand.

Und ihr, die ihr noch lebt, euch wollen wir so sehen, äußerlich und innerlich kniend, so lassen wir euch leben. Und wehe, wenn ihr aus der Rolle fallt.

Da nahm einer die Photos der knienden Juden, die mit Zahnbürsten zur Belustigung der Wiener die Straßen waschen mußten, zur Hand, in die andere Hand die Schere und schnitt die Grinser, die ganz Unpolitischen in ihrer Alltagskleidung ohne Abzeichen und die in den Kniebundhosen mit den weißen Stutzen, die schnitt er weg. Der ewige Jude wurde zum ewigen Opfer anonymer Gewalt. Ein auf dem Bauch liegender, bärtiger alter Jude, der eine Zahnbürste in der Hand hält. Ein Porträt aus Bronze, während die anderen drei Teile des Mahnmals aus elegantem Carraramarmor und Granit aus dem Steinbruch von Mauthausen gefertigt wurden. Das soll realistisch sein und ist nicht einmal richtig beobachtet. Nicht auf dem Bauch liegend, auf Knien haben sie den Boden gerieben.

Wo ist das grinsende Publikum geblieben? Soll das Publikum, das das Denkmal betrachtet, die Szene vervollständigen? Falls das die Absicht des Bildhauers gewesen ist, so gelang ihm damit nicht mehr als ein zynischer Straßentheater-Effekt. Die rundherum stehen und lachen und antisemitische Bemerkungen machen, die Kinder, die auf den Rücken des Juden klettern, der mit seiner hündischen Haltung dazu auch einlädt, die Hunde, die an seine Waden pissen, sind nicht die von damals. Vielleicht erkennen die Betrachter des Denkmals die Parallele, vielleicht spüren sie, wenn sie auf den bronzenen Juden hinunterschauen, zum ersten Mal, welch Machtgefühl es ist, auf einen liegenden Menschen herabzusehen. Doch gegen einen pädagogischen Erfolg spricht, daß die drei anderen Elemente überlebensgroß und gewaltig die Ohnmacht des Menschen gegenüber der Macht des Schicksals zeigen. So signalisiert das Mahnmal die tröstliche Erkenntnis, daß es übermenschliche böse Mächte waren, die den Juden auf die Knie gezwungen haben. Dieses Denkmal paßt in die Stadt ohne Juden. Pech für die wenigen Wiener Juden, die daran vorübergehen müssen.

Juden und Österreicher

Erstmals in Österreich beschäftigt sich der 1982 produzierte Film ›Kieselsteine‹ mit der Beziehung von Juden und Nichtjuden der zweiten Generation.

Hannah, eine Wiener Jüdin, die mit einem Wiener Architekten scheinbar problemlos zusammenlebt, lernt Friedrich, einen verschrobenen Rassentheoretiker, kennen. Er glaubt an die Überlegenheit der deutschen Rasse. Dennoch zieht ihn die schöne Jüdin mit dem traurigen Blick, seiner Meinung nach ein Merkmal ihrer Rasse, an. Er will ihr gar ein Kind zeugen. Angewidert und fasziniert versucht Hannah zu entdecken, was für ein Mensch dieser Friedrich ist, und zugleich mehr über sich selbst zu erfahren. Der Film spielt in Wien. Der Edelfaschist ist jedoch Deutscher. Wiener Antisemiten kommen wohl am Rande vor, doch die Problematik wird an einem Deutschen und einer Jüdin abgehandelt, während Hannahs österreichischer Freund verständnislos zusieht.

Die Frage, warum Friedrich Deutscher ist und nicht zum Beispiel Kärntner, stellten sich weder der damals 32jährige Regisseur Lukas Stepanik noch Kritik und Publikum. Denn die Rollenverteilung in dem Film ist kultureller Ausdruck eines als selbstverständlich akzeptierten Szenariums: Deutsche und Juden setzen sich mit der NS-Zeit auseinander, während die Österreicher unbeteiligt bleiben.

17

In diesem Land wurde nach 1945 weder die Verstrickung der Österreicher in den Nationalsozialismus noch die Problematik eines Zusammenlebens von Juden und Nichtjuden nach Auschwitz öffentlich diskutiert. Die österreichische Schuldverleugnung seit der sogenannten Stunde Null wurde auch in der nächsten Generation nicht grundlegend hinterfragt. Daran änderte auch die Studentenbewegung nichts. Die Vernichtung der Juden taucht spärlich in der linken Publizistik der siebziger Jahre auf. Eine Auseinandersetzung mit dem Antisemitismus selbst fehlt in dieser Bewegung ganz. Von der Beziehung zwischen Österreichern und Juden spricht man nicht.

Von Juden und Deutschen zu sprechen, wenn es um das Verhältnis der beiden Kollektive nach der Massenvernichtung der Juden geht, ist trotz aller Probleme, die eine begriffliche Verallgemeinerung mit sich bringt, üblich geworden, seit Juden und Deutsche überlegen, ob und wie sie miteinander sprechen können.

Überlegungen dieser Art nahmen in den sechziger Jahren ihren Anfang und dauern bis heute an. Eine beachtliche Literatur solcher »Dialoge über einen Dialog«[1] ist inzwischen entstanden.

Die erste große Initiative von jüdischer Seite war eine Diskussion zu dem Thema ›Deutsche und Juden – ein ungelöstes Problem‹ auf der 5. Plenartagung des *World Jewish Congress* in Brüssel im August 1966. Wie unterschiedlich die Meinungen der Redner – unter ihnen Golo Mann, Eugen Gerstenmaier, Gershom Scholem

---

[1] Anson Rabinbach, Reflections on Germans and Jews since Auschwitz; in: Rabinbach u. a. (Hg.), Germans and Jews since the Holocaust. The Changing Situation in West Germany; New York 1986, S. 5

und Karl Jaspers – auch waren, eines war klar: daß man sich als Deutscher oder Jude aufgrund der jeweiligen Erfahrungen des einen oder des anderen Kollektivs während der entscheidenden Jahre 1933–45 äußern müsse. So fragwürdig solche Kategorien auch seien, wie Gershom Scholem betonte: »Denn die Deutschen sind nicht alle Deutschen und die Juden nicht alle Juden – mit der einen unausdenkbaren Ausnahme freilich: denn als diejenigen Deutschen, die wirklich, wenn sie die Juden apostrophierten, alle Juden meinten, die Macht in den Händen hatten, haben sie sie benutzt, um, soweit es an ihnen lag, alle Juden zu ermorden.«[1] Scholem kommt zu dem Schluß, daß wir gar nicht nachdrücklich genug von den Juden als Juden sprechen können, wenn wir von ihrem Schicksal unter den Deutschen reden, wenn wir also diesem Verhältnis mit rückhaltloser Kritik auf den Grund gehen wollen. Das sei schwierig für beide Teile. »Für die Deutschen, weil der Massenmord an den Juden zum schwersten Alpdruck ihrer moralischen Existenz als Volk geworden ist; für die Juden, weil solche Klärung eine kritische Distanz zu wichtigen Phänomenen ihrer eigenen Geschichte verlangt. Wo die Liebe, soweit sie einmal bestanden hat, im Blut erstickt worden ist, sind historische Erkenntnis und Klarheit der Begriffe die Vorbedingungen für eine, vielleicht zukunftsträchtigere, Auseinandersetzung zwischen Juden und Deutschen.«[2]

Bis heute wird immer von neuem auch um begriffliche Klarheit gerungen, um das in der nächsten Generation nicht weniger belastete Verhältnis zu erörtern. Versuche

---

[1] Gershom Scholem, Juden und Deutsche; in: Scholem, Judaica, Bd. 2; Frankfurt 1970, S. 21
[2] Scholem, S. 22

in dieser Richtung zeigen sich in Arbeiten mit Titeln wie ›Negative Symbiose – Deutsche und Juden nach Auschwitz‹, ›Die Verlängerung von Geschichte – Deutsche, Juden und der Palästinakonflikt‹ oder ›Deutsch-jüdische Normalität ... Fassbinders Sprengsätze‹.[1]

In dem letztgenannten Band, der den Streit um die Aufführung des Fassbinder-Stückes ›Die Stadt, der Müll und der Tod‹ in Frankfurt im Jahr 1985 reflektiert, macht Elisabeth Kiderlen deutlich, daß nichts selbstverständlich ist, nicht einmal die unbefangene Verwendung des Wortes *Jude*. Sie erinnert sich, daß fünfzehn Jahre zuvor das Wort Jude für sie etwas »Unaussprechliches«, etwas »Entblößendes« gewesen ist.[2]

In Österreich fällt das Wort *Jude* in den Bereich der Schimpfwörter. Es wird fast immer in antisemitischem Kontext verwendet. Auch wohlmeinenden Bürgern kommt es schwer über die Lippen. Sie weichen meist auf das Adjektiv aus und sprechen von *jüdischen Mitbürgern* oder gar von *jüdischen Freunden*.

Die Juden selbst waren höchst erfreut, als Kaiser Franz Joseph I. 1848 erstmals von einer *Israelitischen Gemeinde* sprach. Ist erst das Wort weg, wird die Abschaffung der unterdrückenden Maßnahmen nicht lange auf sich warten lassen, meinten die Juden und trennten selbst streng zwischen erst tolerierten, dann emanzipierten und schließlich assimilierten *Bürgern mosaischen Glaubens* und den noch der Ghettokultur verhafteten Ostjuden.

---

[1] Dan Diner, Negative Symbiose – Deutsche und Juden nach Auschwitz; in: Babylon 1; Frankfurt 1986, S. 9. Dietrich Wetzel (Hg.), Die Verlängerung von Geschichte. Deutsche, Juden und der Palästinakonflikt; Frankfurt 1983. Elisabeth Kiderlen (Hg.), Deutsch-jüdische Normalität ... Fassbinders Sprengsätze; Hamburg 1985.

[2] Kiderlen, S. 7

Die Begriffe *Israelitische Kultusgemeinde* und *mosaisches Religionsbekenntnis* wurden im April 1946, als die Gemeinde neu gegründet wurde, wieder eingesetzt. Den meisten Juden ist dieser begriffliche Anachronismus bewußt. Sie empfinden sich wohl kaum mehr als Israeliten. Kaffeehaus-Gespräche drehen sich vielmehr um die beliebte Frage »Was bist du? Jüdischer Wiener, Wiener Jude oder Jude in Wien?« Solch nuancierte Identifikationsabstufungen im gegenwärtigen Befinden machen es den Juden nicht leichter, sich zu einer jüdischen Perspektive der Geschichte zu bekennen und aus einer solchen zu den Ereignissen Stellung zu nehmen.

Daß Klarheit – und damit jede Diskussion – vermieden wird, liegt auch an der zwiespältigen Haltung der Österreicher zu den Ereignissen der Jahre 1938–45 und an der krampfhaften Suche nach einer homogenen österreichischen Identität.

In bezug auf die NS-Zeit gilt für die Österreicher das, was Scholem über die Deutschen sagte. Diejenigen, die die Macht dazu hatten, waren bereit, alle Juden zu verfolgen und zu vernichten. Diese Bereitschaft wurde nicht von den Deutschen erzwungen. Ein eigenständiger österreichischer Nationalsozialismus war aus der Geschichte und Tradition des Landes gewachsen. Sein berühmtester Sohn hieß Adolf Hitler, der in Linz und in Wien und nicht erst in München sozialisiert wurde. Dieser Nationalsozialismus, der sich mit dem Antisemitismus Luegerscher Prägung verband, hatte lange vor dem Anschluß eine Anhängerschaft, die seinem deutschen Pendant keineswegs nachstand. Nach der Vereinigung mit dem Reich wurde die *Ostmark* das Gebiet mit der höchsten Dichte an Parteimitgliedern.

Zum Zeitpunkt des NSDAP-Verbots 1933 waren rund 68.000 Österreicher Parteimitglieder. Knapp vor dem Anschluß waren es rund 164.000 und 1942 688.000. »Das waren 8,2% der Gesamtbevölkerung, ein Prozentsatz, der in größerem Maßstab nirgendwo im ›Altreich‹ erzielt wurde.«[1] Österreicher konnten ebenso wie Deutsche alle Ränge der NS-Hierarchie erklimmen.

Es spricht also alles dafür, von *Juden und Österreichern* zu sprechen – mit der gleichen Einschränkung, daß die Österreicher nicht *alle* Österreicher und die Juden nicht *alle* Juden sind.

Doch auch wenn wir um die Schuld der Österreicher wissen und auf ihre selbstgewählte Opferrolle nicht hereinfallen, fällt es schwer, nach mehr als vierzig Jahren klar zu sehen. Denn inzwischen hat sich in unserem Bewußtsein durch TV-Dokumentationen, Romane, Karikaturen, besonders aber durch Spielfilme das Bild von den Nazis als Deutschen festgesetzt: das Bild eines zackigen preußischen Paragraphenhengstes (besonders im amerikanischen Film) und das Bild eines Sadisten (besonders im italienischen Film). Auch in weniger plakativen und verzerrenden Darstellungen sind die Nazis fast durchwegs Deutsche. Österreicher, oft auch Bayern, kommen eher als schlampige, dümmliche Typen in den unteren Rängen vor. Hitler selbst wird ebensowenig als Österreicher rezipiert wie Eichmann während des Prozesses in Jerusalem.

In Eberhard Fechners hervorragender filmischer Auseinandersetzung mit Vergangenheit und Gegenwart

---

[1] Gerhard Botz, Eine deutsche Geschichte 1938 bis 1945?; in: Zeitgeschichte; Wien, Oktober 1986, S. 26

des Nazismus, der Fernsehdokumentation ›Der Prozeß‹, werden einige Österreicher als Angeklagte im Majdanek-Prozeß gezeigt. Der Prozeß fand in der Bundesrepublik statt. Er wurde von der österreichischen Öffentlichkeit kaum wahrgenommen. Richter und Anwälte waren Deutsche. Obwohl der Film im österreichischen Fernsehen gezeigt wurde, ließen die geographische Entfernung und der Akzent der meisten Beteiligten eine völlige Distanzierung des Betrachters zu. Diese österreichischen KZ-Schergen wurden wie Söldner in fremdem Heer erlebt oder wie Auslandsösterreicher auf dem deutschen Arbeitsmarkt. Nicht allein der Nazismus, auch seine Aufarbeitung wird als von der österreichischen Realität abgekoppelter Import empfunden.

Die Aufklärung ist tatsächlich importiert. Wie die österreichische Soziologin Friederike Wilder-Okladek in einer in den sechziger Jahren – freilich in Den Haag – erschienenen Studie über jüdische Rückkehrer nach Österreich feststellt, wurde damals in der Bundesrepublik im Bereich der Wissenschaft und der Kultur eine Fülle deutsch-jüdischer Themen behandelt, während die österreichische Regel »Hände weg von dem heißen Eisen« lautete und abgesehen von sehr wenigen Ausnahmen ein »unbehagliches Schweigen« herrschte.[1]

Die Literatur, die sich historisch, soziologisch und psychologisch mit der Vernichtung der Juden auseinandersetzt, ist von Deutschen geschrieben oder als Übersetzung internationaler Arbeiten auf dem deutschen Buchmarkt erschienen. Über die spezifisch österreichische Situation wurden bis 1988 nicht einmal eine Handvoll Bü-

---

[1] Friederike Wilder-Okladek, The Return Movement of Jews to Austria after the Second World War; Den Haag 1969, S. XIV

cher veröffentlicht, wie die Herausgeber des Sammel-
bandes, in dem sich Historiker und Sozialwissenschaftler
fünfzig Jahre nach dem Anschluß erstmals mit der ›NS-
Herrschaft in Österreich‹[1] beschäftigen, selbstkritisch
feststellen. Erklärungen, die sich auf die bescheidenen
Möglichkeiten österreichischer Verlage berufen wollen,
erweisen sich nach einem Blick auf die gewaltige inländi-
sche Produktion an Rechtfertigungsliteratur als nicht
stichhaltig.

Das gleiche gilt für den Film. Rechtfertigungsfilme
wurden sehr wohl gedreht. Zum Großteil von Regisseu-
ren und Schauspielern, die kurz zuvor noch in NS-Propa-
gandafilmen mitgewirkt hatten und ohne Unterbre-
chung weiterarbeiten konnten. Die Kontinuität zeigte
sich dementsprechend in der antisemitischen Darstellungsweise der Juden im österreichischen Nachkriegs-
film. Die Verharmlosung der Massenvernichtung funk-
tioniert nach dem bis heute typischen Prinzip, das lautet:
Man hat die Juden immer schon verfolgt, früher eben mit
anderen Mitteln; Auschwitz war einfach der modernen
Zeit angepaßt.

Zum Beispiel führt G. W. Pabst in seinem Film ›Der
Prozeß‹ aus dem Jahr 1948 eine Ritualmordgeschichte
aus dem 19. Jahrhundert vor, die freilich nicht in Österreich spielt, sondern in einem ungarischen Dorf. Die
dämonisch gezeigten Juden reden wie in den Nazi-
filmen ein deformiertes Jiddisch, während die christlichen Dorfbewohner schönstes Burgtheaterdeutsch sprechen. Der Film endet zwar zeitgemäß mit der Erkenntnis, daß die Juden unschuldig waren, was jedoch fast un-

---

[1] Tálos u. a. (Hg.), NS-Herrschaft in Österreich 1938–1945; Wien
1988

glaubhaft wirkt bei all der Sympathie, die der Film den Argumenten und der Lebensweise der Antisemiten entgegenbringt. Sie werden als lebensfrohe Menschen gezeigt, die gerne singen und tanzen, der einzige Verteidiger der Juden wird dagegen als unsinnlicher Einzelgänger dargestellt.

Der Import von *Aufklärungs*-Literatur und -Filmen und der offensichtliche Mangel an eigener Aufarbeitung verstärkt den Eindruck, der Nazismus sei etwas Fremdes gewesen, mit dem das neu erschaffene österreichische Volk nichts zu tun habe. Ob wir es wollen oder nicht: der Nazi in unserem Kopf spricht nicht wienerisch.

Die Absetzbewegung von Deutschland war, jedenfalls bis zu der Kandidatur Kurt Waldheims, ein voller Erfolg. Das gemütliche Bild, das die Österreicher von sich schufen, täuschte sie selbst, die ganze Welt und nicht zuletzt die österreichischen Juden.

Wenige durchschauten das Spiel so wie der aus Österreich emigrierte Schriftsteller George Clare, der 1947 zu Besuch in Wien war. Er erinnert sich: »Die Österreicher hatten die Hitlerjahre irgendwo in den fernsten Winkeln ihres Gedächtnisses verlegt, und österreichischer Patriotismus – eine Seltenheit im März 1938, als sie *Führer* und *Anschluß* so jubelnd willkommen hießen – war jetzt sehr in Mode. Seine sichtbaren Symbole waren die allgegenwärtigen Tiroler- und Steirerhüte, die man überall in Wien sah, auf so manch einem Kopf, der vor nicht allzu langer Zeit entweder mit der braunen Kappe der SA oder der schwarzen der SS geschmückt war. Doch die Wiener hatten nicht allein ihre Kopfbedeckungen zusammen mit ihren politischen Überzeugungen gewechselt, sie hatten sogar ihre Ausdrucksweise geändert. Statt ›Heim ins Reich‹ hieß es nun ›Weg vom Reich‹, und um das zu unterstreichen, wurde das weiche musikalische Wienerisch, das ich gekannt hatte, durch die breiteren und gröberen Vokale des vulgären Dialekts der weniger feinen Vororte ersetzt; ein Versuch, ihr Deutsch weniger deutsch klingen zu lassen.«[1]

Mit welchem Hut und in welchem Dialekt auch immer, während des *Dritten Reichs* waren alle Österreicher, die in der Maschinerie des Systems funktionierten – ob gezwungen oder begeistert, ob sie wußten oder nicht –, objektiv an der Vernichtung der Juden beteiligt. Sei es die Wiener Möbelfirma, die ihre Wagen für den Transport der Juden von der Sammelstelle zum Bahnhof vermietete, sei es der Fahrer, das Wachpersonal oder der Zugführer.

Dieser von den Nazis geschaffene tödliche Gegensatz kann nicht ungeschehen gemacht werden. Er wirkt für das Täter- und das Opferkollektiv weiter und setzt sich in der nächsten und übernächsten Generation in einem problematischen Verhältnis von Juden und Nichtjuden fort.

---

[1] George Clare, Last Waltz in Vienna: A Postscript; in: Oxaal u. a. (Hg.), Jews, Antisemitism and Culture in Vienna; London 1987, S. 235 (Übers. R. B.)

Irrealisierung des Nazismus

Die Österreicher setzten sich äußerlich in großer Eile vom Nationalsozialismus ab. Um jedoch mit ihren Erfahrungen aus dieser Zeit weiterleben zu können, als wäre nichts Entscheidendes geschehen, bedienten sie sich eines wirkungsvollen psychischen Tricks.

Günther Anders schildert in seinen Tagebüchern eine Begebenheit aus dem Wien des Jahres 1950: Er geht mit einer Zufallsbekanntschaft die Straße entlang. Ein Mann kommt ihnen entgegen, den sein Begleiter mit ausgesuchter Höflichkeit grüßt. Anders ist höchst verwundert, da dies eben jener Nachbar ist, der seinen Bekannten während der Nazizeit wegen unterlassener Beflaggung denunziert hatte. Auf die Frage, warum er den Mann nicht etwa höflich ignorieren könne, bekommt Anders zur Anwort: »Schaun S' Herr Doktor, Herr Dr. R. und ich, wir kennen uns schließlich seit Jahren. Seit Jahrzehnten sogar. Und vor Hitler war er ein wirklich feiner Mensch. Wirklich ein Gentleman. Und jetzt auch wieder.«[1]

Nur dazwischen nicht, fügt Anders innerlich hinzu.

---

[1] Günther Anders, Die Schrift an der Wand. Tagebücher 1941–1966; München 1967, S. 146

Die Irrealisierung des *Dazwischen* hat sich mit dem zeitlichen Abstand nicht verringert. Sie hat sich im Gegenteil zu einem kulturellen Charakteristikum entwickelt, zu einer Einstellung, die sich auf Österreich als alte Kulturnation ebenso beruft wie auf seine Leistungen nach 1945. Und dazwischen? Irrealisieren ist weder vergessen noch leugnen – Günther Anders nennt es eine »Aktion, die in den üblichen Moralschemata nicht vorkommt«.[1] Irrealisieren bedeutet, unmoralische Handlungsweisen durch die Ausnahmesituation des Krieges zu rechtfertigen und so – wie bei Nichtbegangenem – die Notwendigkeit der Konsequenz zu verleugnen. Ein Zeichen dafür sind die starren Floskeln, mit denen über alle Bereiche jener Zeit, die irrealisiert werden müssen, gesprochen wird.

Dieses Verhalten zeigt sich besonders gut an Kurt Waldheim. Wäre er lediglich ein Opportunist, hätte er sich der geänderten Weltmeinung und den Erwartungen, die in der Frage seiner Kriegsvergangenheit an ihn gestellt wurden, angepaßt. Er hätte nachträglich Empörung, Reue und Trauer spielen können. Waldheim hat jedoch den Nazismus als emotionales und moralisches Faktum so gründlich ausradiert, daß er Empörung nicht einmal vortäuschen kann. Bis zur Aufdeckung seiner Kriegsvergangenheit half ihm die Irrealisierung dieser Zeit in seinen karrieristischen Bestrebungen. Sie stand im Einklang mit ihnen. Da sie aber stärker ist als Diplomatie und Taktik, kann er von ihr nicht mehr los. So kommt es zu den erschütternden Bildern von einem Mann, der den Krieg mit einem Lächeln wegwischt, um im selben Atemzug ganz ernsthaft von seiner Arbeit für den Frieden als UN-Generalsekretär zu sprechen.

---

[1] Anders, S. 147

Da die Irrealisierung nicht nur ihm, sondern fast allen half, mit dem Nazismus *fertig zu werden,* ohne sich mit ihm auseinanderzusetzen, stößt seine Haltung auf Verständnis. Seine paradoxe Ehrlichkeit besteht im Festhalten an der perfekten Irrealisierung. Bekannt ist das Phänomen, daß ein Nachbar, der sich im Denunzieren hervorgetan hatte, einen aus der Emigration zurückkehrenden Juden begrüßt, als wäre nichts gewesen. Er lebt in einer so verzerrten Realität, daß er sich nicht einmal vorstellen kann, daß der Jude sich sehr wohl und ganz genau erinnert.

Die Irrealisierung des Nazismus setzt sich in der nächsten Generation als Mythenbildung fort. Das zeigte sich zum Beispiel nach Bekanntwerden des differenzierten und detaillierten Berichts einer internationalen Historikerkommission über Kurt Waldheims Kriegszeit. Radio- und Fernsehjournalisten faßten das Urteil mit den Worten zusammen: »Er war kein Kriegsverbrecher, er war aber auch kein Held.« Darin drückt sich mehr aus als gleichgeschaltetes Denken oder Selbstzensur bei den Angestellten des staatlichen Rundfunkmonopols. Die nachgeborene Generation scheint den Nazismus in Mythen vom absolut Guten und absolut Bösen festzuschreiben. Sie huldigt einer Polarisierung, wie sie mit anderen Vorzeichen ein Charakteristikum des Nazismus selbst war. Durch die Einteilung in *Verbrecher* auf der einen, *Helden* auf der anderen Seite wird der Nazismus zu einem Kampf zwischen Engeln und Teufeln stilisiert. Wer zu keiner der beiden Gruppen gehörte, ist entschuldigt. Seine Verstrickung in das System erscheint gemessen an solchen Kriterien nebensächlich. Die Auseinandersetzung mit den Mechanismen eines Systems, das der Bevölkerung das Gefühl eines normalen Alltags vermittelte, obwohl die gleichen, bislang unschuldigen Handlungen nunmehr einem verbrecherischen Zweck dienten, wird so verhindert. Alles war schließlich legal. Kein Funke Irrationalität war für die einzelnen kleinen Arbeitsvorgänge notwendig. Die Sekretärin einer Firma tippte vor und nach dem März 1938 Briefe. Vorher tippte sie Annoncen, die qualifizierte Arbeitskräfte suchten, danach suchte sie um qualifizierte Zwangsarbeiter an. Ihre Aufgabe war das Tippen. Nach Zerschlagung des Systems von außen stellten sich die eigenen Handlungen plötzlich als Rädchen im gesamtdeutschen Verbrechen heraus. Damit konnte sich keiner konfrontieren. Die Flucht vor der Reflexion gelang, indem man die Welt, die Geschichte und die eigenen Erfahrungen in starre Blöcke, in Zeit-Räume und Funktionen einteilte. So konnte man leicht 1933, 1938 oder 1941 in so einen Zeit-Raum hineingegangen sein, drinnen nach den dort geltenden Normen gelebt haben und ihn 1945 wieder verlassen haben. Man schloß die Tür hinter sich und sagte, das sei eine *andere Welt* gewesen.

Die Irrealisierung des Nazismus ist in Österreich die augenscheinlichste Form, mit der Vergangenheit umzugehen. Da diese Zeit auf der persönlichen, politischen und wissenschaftlichen Ebene aus der Kontinuität der eigenen Geschichte ausgeklammert wurde, ist eine Revision des Geschichtsbildes, wie sie seit einigen Jahren in der Bundesrepublik zu beobachten ist, nicht notwendig. Historiker verschiedener Weltanschauung, die oft und gerne über die Jahre 1934 bis 1938 streiten, haben bei der Behandlung des Nationalsozialismus keine großen Differenzen. Im Mittelpunkt des österreichischen Geschichtsbildes steht der *Kampf um Österreich*, den die einen nur patriotisch verbrämen, die anderen antifaschistisch-patriotisch. Mit Österreich geht jedenfalls auch die Zeitgeschichte unter, um mit ›Österreich II‹[1] wieder aufzuerstehen.

In der Bundesrepublik stand dagegen die Singularität der Massenvernichtung der Juden durch die Deutschen im Zentrum der Beschäftigung mit der NS-Zeit. Den nationalen Einheitsbestrebungen gemäß wird dort nun versucht, die Nazizeit zu normalisieren, sie einzuordnen, mit ihr abzuschließen, um sich zu einer gereinigten deutschen Geschichte stolz bekennen zu können. Diese Tendenzen zeigen sich zum Beispiel in einer Geschichtsschreibung aus bizarrer Perspektive, wie sie Andreas Hillgruber betreibt, indem er sich in den *kleinen Soldaten* an der Ostfront hineinzuversetzen sucht; oder auch mittels konstruierter Vergleiche mit früheren, natürlich im Osten angesiedelten Terrorakten, die Ernst Nolte zur Relativierung der Naziverbrechen heranzieht.[2]

Die *Endlösung* – die Massenvernichtung der Juden, Auschwitz – entzieht sich jedoch den subjektiv verständlichen Wünschen nach Reduzierung der Vergangenheit auf erträgliche Dimensionen. Die wenigen Extremisten, die die Existenz der Gaskammern leugnen, artikulieren auch diesen tiefsitzenden Wunsch nach Ruhe. Denn die Existenz der Gaskammern steht dem Wunsch nach *Historisierung* der Nazizeit entgegen. Es ist unmöglich, diese zu betrachten wie jede andere Geschichtsepoche auch. Im Gegenteil: Je weiter Auschwitz zeitlich weg-

---

[1] Österreich II ist eine ORF-Fernsehserie von Hugo Portisch und Sepp Riff über den Beginn der Zweiten Republik.

[2] S. Beiträge in »Historikerstreit«. Die Dokumentation der Kontroverse um die Einzigartigkeit der nationalsozialistischen Judenvernichtung; München 1988[6]

rückt, desto stärker tritt seine Unbegreiflichkeit und Un-
erklärbarkeit und seine über Täter- und Opferkollektiv
hinausgehende Bedeutung für die Menschheit ins Bewußtsein. Dieser Beweis für die grundlegende Erschüt-
terbarkeit unserer Zivilisation wird verdrängt durch
immer neue Versuche, den Nationalsozialismus *in den
Griff zu bekommen,* ihn mittels ökonomischer, soziologi-
scher und psychologischer Untersuchungen zu bannen;
oder durch eine Verschiebung des Schwerpunkts der Untersuchungen auf eine Alltagsgeschichtsschreibung, die
sich mit der vermeintlichen Normalität und Kontinuität
im Leben der *kleinen Leute* weitab von den Verbrechen
der Nazis befaßt. Und schließlich durch den erstmals
von Ernst Nolte *respektabel* gemachten Ansatz, die Vernichtung der Juden mit einem gewissen Sinn auszustat-
ten, indem er einen realen Konflikt zwischen Tätern und
Opfern zu beweisen sucht. Indizien müssen gefunden
werden, daß die Juden die eigentlichen Angreifer gewesen seien und ihre Bekämpfung ein präventiver Verteidi-
gungsakt war. Nolte gräbt allen Ernstes die Äußerung
Chaim Weizmanns vom September 1939 aus, daß die
Juden in aller Welt in diesem Krieg auf der Seite Englands
kämpfen würden, um damit seine These zu belegen, Hitler hätte das Recht gehabt, die deutschen Juden als
Kriegsgefangene zu betrachten und zu internieren. Stellt
man Deutschland als von feindlichen Juden und Bol-
schewisten umzingelt dar, schrumpft Auschwitz, wie Jürgen Habermas in seiner Kritik des Revisionismus feststellt, »auf das Format einer technischen Innovation und
erklärt sich aus der ›asiatischen‹ Bedrohung durch einen
Feind, der immer noch vor unseren Toren steht.«[1]

---

1 Jürgen Habermas, Eine Art Schadensabwicklung; in: »Historikerstreit«; München 1988⁶, S. 71

In weiten Kreisen der österreichischen und der bundesdeutschen Bevölkerung wurde der legitime Kampf gegen Kommunismus und Weltjudentum nie bezweifelt. In diesem Sinne argumentierte auch ein Wahlaufruf für den Präsidentschaftskandidaten Kurt Waldheim: »Hätten nicht Millionen Soldaten bis zum 8. Mai 1945 ihre Pflicht erfüllt, wäre Mitteleuropa, wenn nicht der ganze Kontinent und damit auch Österreich, einen anderen Weg gegangen.«[1]

---

[1] Wahlaufruf der steirischen ÖVP-Landtagsabgeordneten Hermann Kröll, Richard Kanduth, Hubert Schwab und des ÖVP-Nationalratsabgeordneten Hermann Lussmann; in: Josef Haslinger, Politik der Gefühle; Darmstadt 1987, S. 40

Die Opfer-Operette

PROFIL: Da gibt es noch ein Zitat von Ihnen aus dem Vorjahr: »Nur weil wir einen Krieg verloren haben, braucht man doch nicht zu glauben, daß wir ewig nach der Pfeife der Sieger tanzen werden.« Hat das nicht etwas mit Ihrer Unfähigkeit zu tun, die österreichische Nation als solche zu akzeptieren?

JÖRG HAIDER: Ich bin vornehm genug, Ihnen nicht ebenfalls Unfähigkeit zu bescheinigen, die Geschichte richtig zu interpretieren. Aber Österreich war halt auch unter den Verlierern. Und hat daher nach dem Krieg manches mitzutragen gehabt.

PROFIL: Österreich war unter den Verlierern? Wer hat den Krieg eigentlich verloren?

HAIDER: Das nationalsozialistische Regime mit den von ihm beherrschten Bereichen und Staaten.

PROFIL: Das sind wir?

HAIDER: Wir waren halt auch dabei, daher hat man folgende Kombinationen aufgebaut: Österreich ist 1938 überfallen worden, und wir sind 1945 erst wieder zu uns gekommen, und wir haben im Prinzip keinen Anteil daran.

PROFIL: Der österreichische Staat kann diesen Krieg nicht verloren haben, weil es ihn nicht gab.

HAIDER: Es waren die Österreicher, die mit in der deutschen Wehrmacht waren.[1]

LEDIGLICH die politische Rechte rüttelt am Konsens der Zweiten Republik. Nicht allein, weil sie den Nationalsozialismus teilweise gut und nachahmenswert findet, sondern schon deswegen, weil sie klar sagt, Österreich war Teil des nationalsozialistischen Systems, das den Krieg verloren hat.

---

[1] FPÖ-Vorsitzender Jörg Haider im Gespräch mit Hubertus Czernin und Ernst Schmiederer; profil Nr. 35, 29. 8. 1988

Dementsprechend entzündet sich der Widerspruch nicht an der Einstellung zum Nationalsozialismus, sondern an der absurden, rein formalen Frage, ob Österreich mitverantwortlich gewesen sein kann, obwohl Österreich als Staat nicht existierte. Haider verletzt den patriotischen Konsens, der lautet: Österreich ging 1938 unter und tauchte 1945 wieder auf. Das Verschwinden Österreichs von der Landkarte, also der Anschluß an sich, wird zum Schreckgespenst hochstilisiert. Eine praktische Methode, die wesentliche Frage zu unterdrücken, warum sich die Österreicher nach fünf Jahren sichtbarem Nationalsozialismus nebenan zunehmend für den Anschluß an eine Diktatur begeisterten.

War es Deutschland, wo sie hinwollten, oder war es vorrangig der Nationalsozialismus, an dem sie teilhaben wollten, weil er vielversprechend schien?

Der Anschluß erfolgte von außen und von innen, von unten und von oben; er war ein Umsturz, eine Revolution. Tausende Photographien freudestrahlender Menschen dokumentieren den Siegeszug der deutschen Soldaten durch das Land. Die *schweigende Mehrheit* wird oft zur Relativierung dieser Photos angeführt. Doch die Frage bleibt, wie groß dieser Teil der Bevölkerung war und warum er geschwiegen hat.

Für die Juden jedenfalls war die Erhaltung der österreichischen Souveränität und Rechtsordnung lebenswichtig. Das hat wohl auch Karl Kraus erkannt, dessen Haltung gegenüber dem Dollfuß-Regime nach 1934 bei seinen linken Verehrern, die so gerne Austrofaschismus und Nationalsozialismus gleichsetzen, bis heute Unverständnis hervorruft. Am 11. März 1938 erschienen als einzige Zeitungen Österreichs die jüdischen Blätter mit dem Aufruf auf der Titelseite »Wir bejahen Öster-

reich! Alles an die Urnen!«[1] Kanzler Schuschnigg hatte
den Präsidenten der Israelitischen Kultusgemeinde
einige Tage zuvor zu beruhigen versucht und ihm
versichert, die Regierung werde an der Gleichberech-
tigung aller Staatsbürger festhalten. Für die Volksabstimmung, die Schuschnigg für den 13. März geplant
hatte, warben die Juden aktiv und unterstützten die
Vaterländische Front finanziell. Kaum war Schuschnigg
zurückgetreten, begannen die Haßausbrüche gegen
Juden.

Obwohl die 99%ige Zustimmung zu bereits vollzoge-
nem Anschluß bei der von den Nazis am 10.April durch-
geführten Volksabstimmung unter Druck zustande gekommen ist, kann das Ergebnis doch als Hinweis dienen.
Schließlich gaben Kardinal Innitzer und Karl Renner als
Repräsentanten des klerikalen beziehungsweise des säku-
laren Österreich ihrer freundlichen Einstellung zu den
neuen Machthabern deutlich Ausdruck. Karl Renner
vertrat die pragmatische Auffassung, »mit jedem Regime
zu einem modus vivendi zu kommen«[2] – natürlich
immer im treuen Dienste der Arbeiterbewegung. Also
eilte er zu dem Wiener NS-Bürgermeister Hermann Neu-
bacher, um sich als Stimmungsmacher für die geplante
Volksabstimmung anzubieten. Bei seinem Besuch ver-
säumte er nicht kundzutun, durch den Anschluß sei für
ihn »die glücklichste Stunde seines Lebens gekommen.«[3]

---

[1] Jonny Moser, Österreichs Juden unter der NS-Herrschaft; in: Tálos
u. a. (Hg.), NS-Herrschaft in Österreich 1938–45; Wien 1988, S.
185–187
[2] Friedrich Nasko (Hg.), Karl Renner in Dokumenten und Erinnerungen; Wien 1982, S. 247
[3] Thomas Kozich, 1938 Vizebürgermeister von Wien; in: Panzenböck, Ein deutscher Traum. Die Anschlußpolitik bei Karl Renner
und Otto Bauer; Wien 1985, S. 204

Obwohl Renner sich nicht mit dem Beschluß seiner sozialdemokratischen Partei identifizieren konnte, die nach der Machtübernahme Hitlers 1933 den sogenannten Anschlußparagraphen aus ihrem Programm gestrichen hatte, sollte gerade er der erste Kanzler der Zweiten Republik werden. Nun vertrat er überzeugend die dem Zeitgeist angepaßte Variante von der Okkupation Österreichs, die auch im Gedenkjahr 1988 eleganter, jedoch weitgehend ungebrochen, von den staatstragenden Parteien postuliert wurde.

Nach dem Anschluß existierte zwar sieben Jahre lang kein österreichischer Staat, die Bewohner der *Donau-Alpengaue* zeichneten sich jedoch nur in einem Punkt vor den Bewohnern der westlichen Gaue aus: Sie stellten besonders viele KZ-Schergen.

Der Widerstand, den eine relativ hohe Anzahl von Österreichern mit dem Leben bezahlen mußte, höhlte dagegen ebensowenig wie sein deutsches Pendant das System aus und war in gleich geringem Maße in der Bevölkerung verankert. Im Rückblick jedoch wird der Widerstand überbetont. In einem Standardwerk über die Zweite Republik handelt das einzige die NS-Zeit betreffende Kapitel vom ›Österreichischen Widerstand 1938–45‹.[1]

Als Widerstandskämpfer sollte nur gelten, schrieb Hannah Arendt an Karl Jaspers, wer »auf den Sturz des Hitlerregimes handelnd hingewirkt hat«, und zwar so, daß ihm »der Widerstand gegen das Regime selbst zum Prinzip geworden ist«.[2]

---

[1] Erika Weinzierl, Kurt Skalnik (Hg.), Das Neue Österreich; Graz 1975
[2] Hannah Arendt/Karl Jaspers, Briefwechsel 1926–1969; München 1985, S. 553

Waren Raunzereien und anti-preußische Witze Widerstandsakte gegen das System selbst?

1943, als die Ostmärker noch mit dabei waren, die ganze Welt zu erobern – »aus gerechtfertigtem Idealismus«, wie Verteidigungsminister Friedhelm Frischenschlager 1985 bei der Angelobung der Jungsoldaten im ehemaligen Konzentrationslager Mauthausen sagte – und die Welt auch gleich von den als Untermenschen gebrandmarkten Teilen der Zivilbevölkerung zu säubern, trafen sich die Alliierten in Moskau und berieten die Aufteilung der Welt nach der Niederlage des Deutschen Reichs. Sie beschlossen die Wiederherstellung Österreichs als souveräner Staat. Und sie erklärten Österreich zum ersten Opfer der deutschen Aggressionspolitik.

Daß die Formulierung, die bereits 1940 in einer Resolution der englischen Labour Party aufgetaucht und 1942 von Winston Churchill erstmals öffentlich ausgesprochen worden war, dazu dienen sollte, den Widerstand der Österreicher mit der Hoffnung auf einen eigenen Staat anzukurbeln, wurde nach Kriegsende ebenso verschwiegen wie der unermüdliche Einsatz tausender, meist jüdischer Emigranten, die besonders in den USA und in England, aber auch in Chile und in Schanghai für diesen Gedanken warben, an den sie tragischerweise selbst glaubten. »Verwechselt das Volk nicht mit den Nazis«, und: »Österreich ist besetzt worden«, lautete ihr Appell.

Wie grenzenlos jüdische Sentimentalität sein kann, zeigen die Aussagen jüdischer Emigranten aus Deutschland, die sich an den Gedanken klammerten, selbst Deutschland sei von den Nazis besetzt worden. »Die Feinde meines Vaterlandes, das sind die braunen Besatzungsarmeen auf deutschem Boden«, schrieb der deutsch-jüdische Emigrant Alfred Kantorowicz 1935 in Paris.

In schlauem Mißverstehen münzten die Gründerväter der Zweiten Republik den auf das Staatsgebilde bezogenen Terminus von der Besetzung Österreichs durch Hitler-Deutschland auf jeden einzelnen Österreicher um. Aus dieser Lüge von der Kollektivunschuld entstand die Zweite Republik – und das neue Österreich-Bewußtsein, das sich zwanghaft bemüht, an alle möglichen historischen Epochen anzuknüpfen, sei es die Zeit Maria Theresias oder Kaiser Franz Josephs, nur nicht an die fünfzehn Jahre der Ersten Republik von 1918–33, der einzigen demokratischen Phase in der österreichischen Geschichte vor 1945. An dieser Lüge wird nicht allein aus der taktischen Überlegung heraus festgehalten, daß ein Bekenntnis zur Verstrickung in den Nationalsozialismus die im Vergleich mit der Bundesrepublik Deutschland privilegierte Behandlung der Zweiten Republik gefährden würde. Auch in Wissenschaft und Kultur wird an diesem Tabu erst seit Waldheim und den Folgen gerüttelt. »Ein Komplize, der sich erfolgreich als Opfer ausgegeben hat, wird sich hüten, freiwillig historische Schuldzusammenhänge zu studieren«[1], charakterisiert der Politologe John Bunzl die Situation.

Allein die Vorstellung einer offenen Diskussion der Mitschuld Österreichs ruft bei Politikern und in der Presse das Schreckensbild des Bürgerkriegs vom Februar 1934 hervor. Die Horrorvision der gezückten Messer wird beschworen, um Konflikte im Keim zu ersticken, weil man sich nicht zutraut, sie nach den Spielregeln der

---

[1] John Bunzl, Die erste und die zweite Lebenslüge; in: Die Gemeinde, 8. Juli 1987, S. 11

Demokratie auszutragen. Die Lehre aus dem Februar '34 scheint zu sein, daß das Spiel gesellschaftlicher Kräfte zwangsläufig zu blutigen Auseinandersetzungen führt.

Die Zweite Republik wurde nicht als Antithese zu Nationalsozialismus und Faschismus gegründet, sondern als Antithese zu den Erfahrungen des Bürgerkrieges, losgelöst von seiner Vorgeschichte. Zu einem Zusammenprall der beiden großen Lager soll es nicht mehr kommen; der Preis dafür heißt Sozialpartnerschaft bis hinein in die Geschichtsbilder und Konfliktscheu in allen Lebensbereichen. Der Bürgerkrieg wird als das Verbrechen schlechthin vermittelt. Nicht so der Zusammenschluß der Mehrheit gegen auszugrenzende Minderheiten, nicht die Wut der Masse, die ihre Energie aus dem Kampf gegen Fremde oder Andere gewinnt, nicht der Pogrom, nicht die industrielle Massenvernichtung.

Solange die Lügen von Österreichs Opferrolle von Generation zu Generation weitergegeben werden, weil andernfalls wohl mehr als der Gründungsmythos der Zweiten Republik zusammenbrechen würde, bedarf es einer Menge Entschuldigungen als Einleitung zu einem Buch über die Verfolgung der österreichischen Juden. Die Historikerin Erika Weinzierl schreibt: »Der 11. März 1938 besiegelte das Schicksal der Juden und der Österreicher. Daß ein großer Teil der letzteren den Untergang des eigenen Staates zunächst bejubelte, darf nicht vergessen machen, daß der ›Anschluß‹ mit Gewalt erfolgt ist, daß im Kampf gegen den Nationalsozialismus von 1938–1945 35.300 Österreicher, ein halbes Prozent der Gesamtbevölkerung, ihr Leben verloren. Die Vertreibung und Vernichtung der österreichischen Juden in jenen Jahren ist trotzdem das traurigste und beschämendste Kapitel der österreichischen Geschichte; allerdings auch nicht in ihr allein.«[1]

Österreicher und Juden werden beide als Opfer der deutschen Aggression dargestellt. Zwischen ihnen gibt es keinen Konflikt. Allerdings bejubelten allein die Österreicher den »Untergang des eigenen Staates«. Hier stellt sich die Frage, warum die Österreicher über einen Untergang jubeln sollten. Mit dieser negativen Formulierung läßt sich allerdings vermeiden, vom Jubel über den Anschluß an Nazi-Deutschland und an das begeisternde System, das dort seit fünf Jahren herrschte, zu berichten. Aufrechnung der Opfer, Gleichsetzung von Juden und Österreichern als Opfer der Gewalt von außen und schließlich die entlastende Relativierung, daß es woanders auch schlimm war. Welch Aufwand, um vom Schicksal der Juden reden zu dürfen. Und sogar dazu gehörte Mut. Lange Zeit war Weinzierls Buch das einzige seiner Art und sie selbst häufig Objekt des Volkszorns.

In den meisten Fällen spielt die Verfolgung der Juden und anderer Gruppen auch rückblickend keine Rolle. Zum Beispiel wurden 1983 fünfunddreißig Intellektuelle, Künstler und Politiker dazu aufgefordert, eine bedeutsame Erinnerung an den Übergang ›Vom Reich zu Österreich‹ aufzuschreiben. Abgesehen von den Beiträgen der Emigranten findet allein die Schriftstellerin Dorothea Zeemann Worte, die das Entsetzen über Auschwitz und die Verantwortung aller Menschen dafür ausdrücken: »Im Untergang, an dem ich vielfach gebrochen in komplizierter Weise beteiligt war, fand ich mich plötzlich als ein Mörder unter Mördern, weil die unfaß-

---

[1] Erika Weinzierl, Zu wenig Gerechte. Österreicher und Judenverfolgung 1938–1945; Graz 1985, S. 25

42

bare Tatsache der Endlösung uns alle zu Komplizen machte.«[1] Für alle anderen bestimmten Selbstmitleid, Neuverteilung der Machtpositionen und Kampf gegen die Besatzung (der Alliierten, wohlgemerkt) das Leben. Ein wirklicher Perspektivenwechsel hat nicht stattgefunden.

Beispiele aus der Geschichtsbetrachtung führender Nachkriegspolitiker zeigen den stillen Konsens, der 1945 zwischen dem christlichen und dem sozialistischen Lager geschaffen wurde. Beide schwelgen in Darstellungen des Elends der Bevölkerung: »In unseren steinigen Alpen haben wir schon jetzt zuwenig Ackerland, uns nur kümmerlich das tägliche Brot zu schaffen ... Verlieren wir noch weiter Gebiet, so werden wir nicht leben können.«[2] Beide erklären, daß das Volk unter das nazistische Joch gezwungen worden ist – der Nazismus sei ein System, »das zutiefst dem Wesen Österreichs widerspricht«[3] – und dort passiv ausharrte: »Heute können wir nur mit Grauen an diese Zeit zurückdenken, da der wahnwitzige ›Führer‹ sich als der größte Deutsche aller Zeiten bezeichnete und jenes in der Geschichte einmalige Unheil anrichtete, welches das deutsche Volk in den folgenden

---

[1] Dorothea Zeemann, When the Saints; in: Jung (Hg.), Vom Reich zu Österreich; Salzburg 1983, S. 69

[2] Brief Karl Renners an Josef Stalin vom 15. April 1945. Ein kurioses und vielleicht nicht ganz abwegiges Motiv für den vordergründigen Gesinnungswandel der Österreicher kommt in diesem Brief vor: »Dank Rußlands erstaunlicher Machtentfaltung hat unser ganzes Volk die Verlogenheit 20jähriger nationalsozialistischer Propaganda völlig durchschaut und ist voll Bewunderung für die gewaltige Leistung der Sowjets.« In: Fischer, Das Ende einer Illusion. Erinnerungen 1945–1955; Wien – München – Zürich 1973, S. 25

[3] Leopold Figl, Österreich geht an die Arbeit; Regierungserklärung des Bundeskanzlers vom 21. 12. 1945

Jahren traf.«[1] Es war der allmächtige Führer, der allein alles Unheil anrichtete, das nicht etwa zuerst einmal die überfallenen Völker traf, sondern das deutsche Volk. In Julius Raabs Rede von 1958 ist es noch der Führer, der »Unheil« anrichtet, später verselbständigt sich das Unheil. Es gibt weder Täter noch Opfer. Im März 1988, fünfzig Jahre nach dem Anschluß, nennt Kurt Waldheim die nationalsozialistische Machtübernahme ein »Drama«, Erzbischof Karl Berg eine »Nacht, die über das österreichische Volk kam,« und der sozialistische Bundeskanzler Franz Vranitzky spricht von einer »Katastrophe«.

Was nach Kriegsende durch Schweigen ausgeblendet wurde, wird heute mit vielen Worten verleugnet. Daß die Darstellung Österreichs als Opfer nicht allein eine Taktik war, um die Unterzeichnung des Staatsvertrags durchzusetzen, zeigt die Kontinuität dieser Darstellungsweise bis heute.

Adolf Schärf klagt in seinen Erinnerungen ausführlich über das Verbot der Sozialdemokratie in den Jahren 1934–38 und über die Besatzungszeit 1945–55, an der ihn besonders die seiner Ansicht nach ungerechtfertigten Anhaltelager für Nazis stören. Über die sieben Jahre Nationalsozialismus, die er als Rechtsanwalt in Wien verbracht hat, weiß er wenig zu sagen.[2] Man hielt still und hob sich auf. Laut seinem Biographen Karl Rudolf Stadler die einzige Möglichkeit, die Diktatur zu überstehen.[3]

---

[1] Julius Raab, Rundfunkrede 1958; in: Raab, Selbstporträt eines Politikers; Wien 1964, S. 68
[2] Adolf Schärf, Österreichs Erneuerung 1945–1955; Wien 1955
[3] Karl R. Stadler, Adolf Schärf. Mensch. Politiker. Staatsmann; Wien 1982

Es ist ein Spezifikum österreichischer Politikerbiographien, daß sie mit dem Anliegen verfaßt werden, dem großen Mann ein Denkmal zu setzen. So schildert der Zeithistoriker Stadler Schärfs Wirken nicht nur unkritisch, er klammert auch Ideen und Handlungen aus, die in den achtziger Jahren peinlich wirken könnten. Zum Beispiel Schärfs Idee, in das NS-Gesetz einen Paragraphen einzubauen, der es sofort durch Ausnahmeregelungen entschärfen sollte. Auch Schärfs Worte vor sozialistischen Akademikern 1950 werden nicht erwähnt: »Mit den ›Nazi‹ sind nicht nur die echten Nazi verdrängt worden, sondern auch jene, die seinerzeit bloß aus Opposition gegen das Dollfuß-Schuschnigg-Regime beim Nationalsozialismus Anlehnung suchten, und sogar jene, die sich in der Zeit, da der Nationalsozialismus legal (sic) war, zu ihm bekannt haben.«[1]

In der Darstellung der Nachkriegs-Beziehung zu den Juden schließt sich der Biograph der Sichtweise Schärfs an und behandelt sie kurz und bündig in einem Kapitel mit dem Titel »Jüdische Forderungen«. Hier werden die Juden stereotyp als geldgierig dargestellt. Warum und wofür sie Entschädigung fordern, wird nicht genau erklärt. Es sei nicht verwunderlich, daß die Überlebenden »keinerlei Loyalität oder Verpflichtung Österreich gegenüber empfanden«. Daß Stadler selbst in der Emigration war, macht diese Feststellung umso erstaunlicher. Man muß annehmen, daß Loyalität auf österreichisch bedeutete, die Juden hätten den Mördern ihrer Angehörigen den ihnen geraubten Besitz schenken sollen. Als Julius Raab in einem Gespräch zu Nahum Goldmann

---

[1] Adolf Schärf, Der geistige Arbeiter in der Zweiten Republik, Vortrag vor sozialistischen Akademikern; Wien 1952, S. 10

sagte: »Wir befinden uns in derselben Lage; beide sind wir Opfer des Nazismus«, antwortete dieser: »Richtig, Herr Bundeskanzler, ich bin ja auch eigentlich hergekommen, um Sie zu fragen, wieviel Ihnen das jüdische Volk zahlen soll ...«[1]

Sowohl Schärf als auch sein Biograph Stadler führen die Haltung der USA in der Wiedergutmachungsfrage ausschließlich auf die Präsenz vieler Juden in Amerika zurück und lassen andere Motive, wie echte Entrüstung über das Ausmaß der Naziverbrechen und schlechtes Gewissen wegen eigener Unterlassungen zur Rettung der Juden, unerwähnt. Das einzige, was das Schweigen über die Mitschuld der Österreicher an der Judenverfolgung durchbrochen hat, scheinen die lästigen Forderungen der jüdischen Lobby in Amerika gewesen zu sein.

Wie lästig diese 1988 sind, zeigte die Reaktion auf die Erklärung des Präsidenten des *World Jewish Congress*, Edgar Bronfman, Waldheim sei nur ein Symbol; wichtiger wäre die Frage nach der Beteiligung der Österreicher am Nationalsozialismus. Diese Äußerung wurde als »Verdrehung der Geschichte«[2] und »kollektiver Österreich-Kannibalismus«[3] bezeichnet. Diese »Kollektivverurteilung« sei »so inhuman wie alles, was damals war«.[4]

Die beiden letztgenannten Aussagen vollziehen einen Schritt über die Darstellung der Judenvernichtung als

---

[1] Nahum Goldmann, Das jüdische Paradox. Zionismus und Judentum nach Hitler; Köln–Frankfurt 1978, S. 186
[2] Alois Mock, Außenminister und Vizekanzler, Mittagsjournal des ORF, 8. Februar 1988
[3] Helmut Zilk, Bürgermeister von Wien, Mittagsjournal des ORF, 8. Februar 1988
[4] Zilk, Mittagsjournal des ORF, 8. Februar 1988

Naturereignis ohne Täter hinaus. Sie setzen die Aufforderung Bronfmans, sich mit dem Beitrag der Österreicher an den Naziverbechen auseinanderzusetzen, mit diesen Verbrechen – den Verbrechen der Nazis an den Juden – gleich. Ein teuflisches Bild entsteht: Wenn die Juden so »inhuman« sind, dann ist der Haß auf sie, auf ihre angebliche Macht und ihre *alttestamentarische Rachsucht* berechtigt.

Das beredte Schweigen über die Mitschuld der Österreicher reicht also von der Zementierung der Opfer-Legende (mit zeitweiliger Subsumierung der Juden unter die *Opfer für ein freies Österreich*), der Entfremdung und Irrealisierung der Ereignisse, über die Darstellung einer Katastrophe ohne Täter und Opfer bis zur Umkehrung der historischen Täter- und Opferrolle und zur Rückkehr zu den gewohnten Feindbildern.

So makaber es ist: Sogar Auschwitz wird zur Relativierung des Pogroms von 1938 benutzt. Indem ein linearer Weg vom Anschluß bis nach Auschwitz gezeichnet wird, indem die Ereignisse in der Erinnerung zeitlich eng zusammengerückt werden, wird die Bedeutung des Pogroms aus dem österreichischen Selbstverständnis gedrängt.

Doch die antisemitische Wut war – neben der Person des Führers – der wesentliche österreichische Beitrag in der Geschichte der nationalsozialistischen Judenverfolgung.

Hitler hatte die Vernichtung der Juden als Ziel wohl klar vor Augen. Die Durchführung dieses Ziels war jedoch bis in die vierziger Jahre ein Experimentieren mit der zustimmenden oder ablehnenden Reaktion der Bevölkerung auf die einzelnen Schritte. Ihre Haltung konnte in einem gewissen Rahmen fördernd oder hemmend auf die weitere Entwicklung wirken. Der Pogrom in Wien, wo 9,4% der Bevölkerung Juden waren, bedeutete eine vehemente Beschleunigung.

Ironischerweise hat dieser pogromartige Ausbruch der Volkswut, der alle Charakteristika des lokalen Antisemitismus mit seinen stark sadistischen und wirtschaftlichen Aspekten aufwies, so manchem Juden das Leben gerettet.

In Deutschland erfolgte die Ausgrenzung der Juden aus der Gesellschaft langsam. Die deutschen Juden waren überzeugt davon, daß sich Hitler nicht lange halten werde und die diskriminierenden Gesetze eine kurze Phase bedeuteten, auf die man sich einrichten könne. So versuchten sie sich zu arrangieren und fügten sich einem Gesetz nach dem anderen. Jüdische Vereine beeilten sich 1933, nach der Machtübernahme der Nazis, sogar, gegen ausländische »Greuelpropaganda« und Demonstrationen zu protestieren.[1] Die offene Gewalt, die den Juden in Wien entgegenschlug, forderte dagegen eindeutig zum Kofferpacken auf.

Der Pogrom während und nach dem Anschluß war Demütigung und Beraubung *alter Bekannter*. Das war Grausamkeit gegenüber den jüdischen Nachbarn und Kollegen, Grausamkeit von Angesicht zu Angesicht. Grausamkeit mit Namen, Ort und Gesicht.

Hier war die Tat des Einzelnen entscheidend, der noch nicht Teil des bürokratisierten Wahnsystems war, sondern in der Tradition des abendländischen Antisemitismus österreichischer Spielart stand. Der Anschluß legalisierte die antisemitische Wut. Als der Pogrom stattfand, waren die Juden noch nicht Masse, noch nicht ihrer Individualität enteignete Opfer. Sie waren noch *die Nächsten*, denen gegenüber eine grundlegende moralische Verpflichtung bestand. Die Märztage 1938 in Österreich sind das Bindeglied zwischen der mehr als tausendjährigen Geschichte der Judenverfolgung und der nationalsozialistischen Judenpolitik. Die Nazis okkupierten den

---

[1] Raul Hilberg, Die Vernichtung der europäischen Juden; Berlin 1982, S. 40

österreichischen Antisemitismus und machten ihn für ihre Zwecke nutzbar. Dazu gehörte auch die Eindämmung seiner sinnlichen, chaotischen Komponenten.

Vorerst wurde in Österreich die Diskriminierung der Juden, die in Deutschland innerhalb von fünf Jahren schrittweise erfolgt war, über Nacht nachgeholt und noch weiter getrieben.

Es war ein orgiastischer Pogrom. Orthodoxe Juden mußten mit Zahnbürsten die Straßen reinigen, die Perücken orthodoxer Frauen wurden öffentlich verbrannt.[1] Der Einfallsreichtum der Bevölkerung in der Erfindung von Grausamkeiten erstaunte das ganze Reich. Und es war ein Ereignis, das sich in Wien, wo etwa 180.000 Juden lebten, lohnte – von privaten Raubfeldzügen und Bereicherungen bis zur Verbesserung der sozialen Lage der übrigen Bevölkerung. Die Nazis lösten mit ihrer »negativen Sozialpolitik«[2] das Wohnungsproblem durch die Enteignung von etwa 70.000 Wohnungen. Binnen weniger Monate konnte das NS-Regime auf 6.000 Wohnungen mehr verweisen, als die intensive Wohnbaupolitik der Sozialdemokratie in den fünfzehn Jahren der Ersten Republik hatte fertigstellen können. Alle Gesellschaftsschichten profitierten von der Vereinigung mit Deutschland und der Ausgrenzung der Juden. Der Mittelstand bereicherte sich an erbeutetem jüdischen Vermögen, die *arischen* Angestellten und Beamten erhielten Arbeitsplätze, die vorher Juden innehatten, die Bauern konnten ihre Produkte auf dem großdeutschen Markt absetzen und deutsche Touristen kamen in Scha-

---

[1] Ausführliche Schilderung der Tage nach dem Anschluß; in: Gedye, Als die Bastionen fielen; Wien 1947

[2] S. Gerhard Botz, Stufen der Ausgliederung der Juden aus der Gesellschaft; in: Zeitgeschichte, 9/10; Wien 1987, S. 359 ff.

ren in die Dörfer.[1] Aber auch für die ehemals sozialdemo-
kratisch organisierten Arbeiter und Parteifunktionäre,
die sich nicht ausdrücklich gegen das neue Regime stellten, war die Zeit nach dem Anschluß nicht zwangsläufig
eine Zeit der Verfolgung. In Deutschland hatte Hitler in
den Sozialdemokraten seine Erzfeinde gesehen und sofort nach der Machtübernahme Tausende von ihnen in
Konzentrationslager sperren lassen.

In Österreich war seit 1934 ein hausgemachter Faschismus an der Macht, gegen den sich die Arbeiterbewegung
im Bürgerkrieg vom Februar '34 als einzige Europas ge-
wehrt hatte. Der Haß der Arbeiter und Genossen richtete
sich ganz konkret auf den Ständestaat, der die Demokratie zerstört und alle sozialistischen und kommunisti-
schen Organisationen verboten hatte. Vier Jahre lang
waren Linke und Nazis illegal. Sie hatten den gleichen
klerikalen Feind, sie saßen im gleichen Anhaltelager
Wöllersdorf oder teilten Gefängniszellen im Landesge-
richt. Das gemeinsame Erleben des bürgerlichen Lagers
als Hauptfeind scheint sich auch nach dem Krieg in
der Politik der Sozialdemokratie von Oskar Helmer bis
Bruno Kreisky ausgewirkt zu haben. Zum Beispiel in dem
Versuch, das bürgerliche Lager durch die Zulassung bzw.
Förderung einer rechtsextremen Partei zu spalten. Daß
diese Partei völkisches Protestpotential quer durch alle
Gesellschaftsschichten anzieht, zeigte schon in den vierziger Jahren ihre feste Verankerung bei der Arbeiterschaft der VOEST (ehemals Hermann Göring-Werke).
Gerade weil sie keine bürgerliche Partei ist, kommt sie für
unzufriedene Wähler der Sozialdemokratie als Alterna-
tive eher in Frage als die christlich-bürgerliche Volkspartei.

---

[1] Julius Braunthal, The Tragedy of Austria; London 1948

Nach vier Jahren Austrofaschismus, Zerstörung ihrer Partei und Emigration führender Funktionäre war die österreichische Arbeiterschaft nicht mehr in der Lage, sich gegen die Nazis zur Wehr zu setzen. Viele sahen sie sogar als das geringere Übel, viele waren begeistert. In Österreich versuchten die Nazis, ein Stillhalteabkommen mit der Arbeiterschaft zu erreichen. Julius Braunthal beschreibt die Lage in seinem in England erschienenen und nicht ins Deutsche übersetzten Buch ›The Tragedy of Austria‹: »In der Dollfuß-Ära hatten die Arbeiter weder Freiheit noch Arbeit und wurden als der niedrigste Stand der Gesellschaft behandelt; im Großdeutschland Adolf Hitlers hatten sie zwar auch keine Freiheit, doch zumindest Arbeit; und es wurde ihnen versichert, daß sie in Wahrheit der erste Stand der Gesellschaft seien.«[1] Das Selbstbewußtsein, das der Nationalsozialismus den Menschen gab, war ein ebenso wichtiger Faktor für seinen Erfolg wie das Versprechen der Schaffung von Arbeitsplätzen. »Man ist Antisemit, um Antisemit zu sein«, erkannte Hermann Bahr, ein halbes Jahrhundert, bevor Jean Paul Sartre zu dem Schluß kam, man sei Antisemit, »um etwas zu sein«. Der Antisemitismus verschaffte den Ohnmächtigen, den Gesichtslosen, denen, die nichts sind und sich als Nichts fühlen, eine Identität und Machtgefühle.

Die spontanen antisemitischen Aktionen der Österreicher dienten in einem bestimmten Stadium der Judenverfolgung als Katalysator für eine entsprechende Gesetzgebung. Vergleichbare diskriminierende Maßnahmen setzten nicht nur früher ein als in Deutschland, sie konnten sich auch auf eine breitere Zustimmung in der

---

[1] Braunthal, S. 115 (Übers. R. B.)

nicht-jüdischen Bevölkerung stützen. Wäre es nach dem Geschmack der Bevölkerung gegangen, das gesamte jüdische Vermögen wäre wohl spontan *umverteilt* worden. Im Reich war »die Entjudung der Wirtschaft« eher schleppend vor sich gegangen, wie Göring klagte.[1] Während in Deutschland durch Kunden- und Lieferantendiskriminierung, Erpressung, Streichung von Rohstoffkontingenten und Importlizenzen, vor allem unter dem Vorwand der Steuerhinterziehung, bis 1937 30.000 Betriebe *arisiert* worden waren, waren die Wiener Juden innerhalb weniger Wochen vollständig aus der Wirtschaft verdrängt. Von 33.000 jüdischen Betrieben wurden nach Angaben des Leiters der *Vermögensverkehrsstelle*, Walter Rafelsberger, 7.000 »im Zuge des Umbruchs« aufgelöst. Auf die verbleibenden 26.000 Betriebe stürzten sich 25.000 *kommissarische Verwalter*.[2]

Die Installierung von *Kommissaren, kommissarischen Leitern* oder *kommissarischen Verwaltern* ist eine Erfindung der Volksphantasie. In den meisten Fällen war es ein Angestellter der Firma, der sich selbst zum *Kommissar* ernannte, oder ein Konkurrent, ein ehemaliger Geschäftsfreund oder ein benachbarter Geschäftsmann, der ein größeres oder günstiger gelegenes Lokal brauchen konnte. Fast immer kannte der *Ariseur* den jüdischen Besitzer. So eifrig die *Kommissare* im Rauben und Plündern waren, so wenig Lust hatten sie, plötzlich unternehmerische Verantwortung zu übernehmen. Darum entschloß sich Reichskommissar Josef Bürckel zu Maßnahmen gegen die *wilden Arisierungen*, und zwar »allen stim-

---

[1] Gerhard Botz, Wien vom »Anschluß« zum Krieg; Wien 1978, S. 330
[2] Zur Enteignung der Juden siehe Hans Witek, »Arisierungen« in Wien; in: Tálos u.a. (Hg.), NS-Herrschaft in Österreich, S. 199 ff.

mungsmäßigen Bedenken zum Trotz«, wie er an Göring schrieb.[1]

Die Stimmung war großartig. *A Hetz* im wahrsten Sinne des immer noch beliebten Ausdrucks, der von den Hetztheatern stammt, Stätten der Volksbelustigung, in denen Tiere zu Tode gehetzt wurden. Nach der langen Zeit der Entbehrungen hatte das Volk wieder Brot und Spiele. Die heftigsten Wutausbrüche richteten sich gegen die jüdischen Warenhäuser Gerngroß und Herzmansky in der Wiener Mariahilfer Straße. Hier fand ökonomische und sexuelle Not ihr Ventil im Sturm auf das Kaufhaus, das den Kleinhändler bedroht und gleichzeitig einen Tempel des Reichtums, des Glücks und der Lust darstellt.

Die wochenlangen *wilden Arisierungen* wurden kanalisiert und nachträglich legalisiert. »Die ›Verstaatlichung‹ der Enteignung und jenes spezifische ›ostmärkische‹ Gesetzes- und Verordnungswerk für die Legitimierung der antijüdischen Wirtschaftspolitik war wesentlich durch diese ›einheimische Anfangsoffensive‹ determiniert.«[2]

Erst nach den Ereignissen in Wien wurde, beschleunigt oder inspiriert durch sie, der legistische Grundstock zur *Zwangsarisierung* gelegt. Am 22. und 26. April 1938 wurden reichseinheitlich Verordnungen gegen die *Tarnung jüdischer Gewerbebetriebe* und über die *Anmeldung jüdischen Vermögens* erlassen. Die in der *Ostmark* ab diesem Zeitpunkt übliche Praxis der radikalen und geordneten Enteignung, an der neben staatlichen Stellen alle Organisationen der Wirtschaft beteiligt waren, erregte die Bewunderung Görings und der reichsdeutschen Wirt-

---

[1] Botz, Wien vom »Anschluß« zum Krieg, S. 338
[2] Witek, S. 204

schaftsführer. Sie diente als Vorbild für die gesetzliche Regelung, die erst Anfang Dezember 1938 auf das gesamte Reich übertragen wurde.

In Österreich wurden nach dem Anschluß die Ergebnisse von fünf Jahren Naziherrschaft im Deutschen Reich nicht allein nachgeholt, sondern weitergetrieben. Trotzdem waren die Methoden, die im März und April sowie während des Novemberpogroms angewendet wurden, untypisch für die nationalsozialistische Judenpolitik. Geprügelte Menschen und brennende Synagogen reihen sich in die abendländische Geschichte der Juden- und Hexenverfolgungen ein. Sie mögen ein *Rückfall ins dunkelste Mittelalter* gewesen sein, doch waren sie nichts qualitativ und quantitativ Neues. Sie bildeten eine der vielen archaischen Partikel, die in dem Wahnsystem der Nazis Platz fanden, jedoch eher von seinen Grundzügen ablenken als auf sie hinweisen. Technischer Fortschritt und abstrakte soziale Organisation der Gesellschaft machten die Bürokratisierung des Wahnsinns möglich. Gezielte wissenschaftliche Forschung, technisches Können und alltägliche Disziplin – nicht wildes Rauben und Morden – ermöglichten die Massenvernichtung der Juden. Vielleicht wäre es bei Affekthandlungen geblieben, wäre es nach den Wienern gegangen, die der zeitgenössische Volksmund als »schlechtere Nazis und bessere Antisemiten« bezeichnete. An den Ereignissen, die sich in Wien nach dem Anschluß und während des Novemberpogroms zutrugen, zeigt sich, wie das nationalsozialistische System den klassischen Pogrom einsetzte und durch die Inszenierung des Spontanen vom alltäglichen unspektakulären Schrecken ablenkte.

Die erste Enttäuschung der Wiener über den Nationalsozialismus entstand bezeichnenderweise wegen der gesetzlichen Regelung der Verwertung jüdischen Vermögens. Die rauschhafte Aneignung des sagenhaften jüdischen Reichtums, von der man geträumt hatte, wurde jäh gebremst. Was später euphemistisch *Österreichtendenz* genannt wurde, speiste sich auch aus der Unzufriedenheit über das Unterliegen des stark ausgeprägten Luegerschen Wirtschaftsantisemitismus und aus der Enttäuschung darüber, daß Machtpositionen, die sich österreichische Nazis nach dem Umsturz erhofft hatten, von Deutschen besetzt wurden.

Dem Wiener Antisemitismus wurde später durch kleine Ausnahmeregelungen Rechnung getragen. So wurde in Wien eine Institution geschaffen, die im *Altreich* nicht existierte. Dort mußte jüdischer Besitz, sogenanntes Umzugsgut, unmittelbar an den zuständigen Oberfinanzpräsidenten zur geschäftlichen Liquidierung gelangen, entsprechend der Devise, nicht der einzelne deutsche *Volksgenosse,* sondern die Allgemeinheit solle von der *Lösung der Judenfrage* profitieren. In Wien hingegen wurde bewegliches Gut aus jüdischem Besitz, das in die Hände der Gestapo fiel, von ihr selbst oder von der *Zentralstelle* in Magazinen gesammelt und an minderbemittelte oder bombengeschädigte Personen verkauft. H. G. Adler nennt diese Besonderheit eine »auffallende soziale Note, die vielleicht eine Folge, wenn nicht gar eine Konzession an die alte Tradition des lokalen Judenhasses war«.[1] Die Wiener Gestapo errichtete zu diesem Zweck eigens eine Organisation namens *Vugesta* (Verkauf jüdischen Umzugsgutes Gestapo) mit Sitz am Bauernmarkt 24. In Annoncen wurde der Verkauf der Ware auf dem Gelände der Wiener Messe, Tierhalle 1 und 2,

---

[1] Hans G. Adler, Der verwaltete Mensch; Tübingen 1974, S. 591

bekanntgegeben. Der Flohmarkt der geraubten Güter erfreute sich regen Zuspruchs. Auch darin zeigt sich, daß für die Wiener die Bereicherung an den Juden ein wesentliches Element ihrer Zustimmung zum Nationalsozialismus war, die immer wieder animiert werden wollte.

Nach Kriegsende stellte sich die Angst, daß das Kollektiv, das die Ausschreitungen 1938 sanktioniert hatte, nicht mehr halten würde, schnell als unbegründet heraus. Man half einander gegenseitig. Neue Allianzen wurden geschlossen. Die meisten Nazis hatten keine Bedenken, Unschuld zu heucheln, ja sogar Juden um einen »Persilschein« zu ersuchen.[1] Und einige Juden gaben sich sogar dazu her. Es entwickelte sich auch eine neue Art von Denunziantentum, doch die gemeinsame Abneigung gegen die Alliierten, die als Besatzer und nicht als Befreier empfunden wurden, ließ andererseits schnell ein neues Zusammengehörigkeitsgefühl entstehen. Die *Volksgemeinschaft* war sich jedenfalls rasch einig, daß die Verhältnisse, die durch die Ermordung und Vertreibung der Juden geschaffen worden waren, beibehalten werden sollten. Die Rückkehr der überlebenden Juden war unerwünscht. Sie wurde verhindert und erschwert, wo es nur ging. Das lag an dem ungebrochenen Antisemitismus der Bevölkerung, zum Teil auch an der Angst, die Juden, die in keiner Weise schuldhaft in den Nationalsozialismus verstrickt waren, könnten allzu viele Fragen stellen. Gerade die Emigranten würden sich, da ihnen die Erfahrung von Deportation und Lager erspart geblieben war, lebhaft an die Ereignisse, die zu ihrer Flucht geführt hat-

---

[1] S. z. B. Günther Anders, Die Schrift an der Wand; München 1967, S. 150 ff.

ten, erinnern. Über 100.000 österreichische Juden würden Zeugen sein, jeder einzelne könnte auf ein Gesicht zeigen.

Ein weiteres Motiv war der entschiedene Wille, das den Juden geraubte Gut möglichst nicht wieder herauszugeben und sich in der Karriere, die man während der NS-Zeit unter Ausschaltung jüdischer Konkurrenten gemacht hatte, nicht von einem Rückkehrer behindern zu lassen.[1]

---

[1] S. z. B. Christian Fleck, Rückkehr unerwünscht. Der Weg der österreichischen Sozialforschung ins Exil; in: Stadler (Hg.), Vertriebene Vernunft 1; Wien 1987, S. 182 ff.

Deutschland und Österreich

> Österreich vereint alle Nachteile
> des kapitalistischen Systems
> mit den Nachteilen einer Volksdemokratie.
>
> Ernst Fischer

Die Situation war in Deutschland und in Österreich nach der gemeinsamen Niederlage als *Drittes Reich* vorerst gleich: Da wie dort Besatzungssoldaten, keine Erwähnung des jüdischen Schicksals in den ersten Regierungserklärungen und keine Reaktion der Bevölkerung auf das Geschehene. Da wie dort zeigte sich eine Gefühlsunfähigkeit, die sich in die Geschäftigkeit des Wiederaufbaus, in eine »manische Überaktivität«[1], flüchtete. Eine »offensichtliche Herzlosigkeit, die manchmal mit billiger Rührseligkeit kaschiert wird«[2], fällt Besuchern wie Hannah Arendt und Günther Anders auf. Hannah Arendt erkennt darin die äußeren Zeichen einer »tief verwurzelten, hartnäckigen und gelegentlich brutalen Weigerung, sich dem tatsächlich Geschehenen zu stellen und sich damit abzufinden«.[3] Sie beschreibt die Reaktion von Deutschen, denen sie zu verstehen gab, daß sie Jüdin sei. Der Gesprächspartner frage nicht weiter nach, sondern beginne, über eigene Leiden und Zerstörungen zu

---

[1] Margarete Mitscherlich-Nielsen, Die Notwendigkeit zu trauern; in: Lohmann, Psychoanalyse und Nationalsozialismus; Frankfurt 1984, S. 21

[2] Hannah Arendt, Besuch in Deutschland 1950. Die Nachwirkungen des Naziregimes; in: Knott (Hg.), Zur Zeit. Politische Essays; Berlin 1986, S. 44

[3] Arendt, S. 44

jammern, um damit anzudeuten, daß die Leidensbilanz ausgeglichen sei. Komme es aber zu einer offenen Reaktion, »dann besteht sie aus einem Seufzer, auf welchen die halb rhetorische, halb wehmütige Frage folgt: ›Warum muß die Menschheit immer nur Krieg führen?‹ Der Durchschnittsdeutsche sucht die Ursachen des letzten Krieges nicht in den Taten des Naziregimes, sondern in den Ereignissen, die zur Vertreibung von Adam und Eva geführt haben.«[1]

Günther Anders erlebt diese Haltung im gleichen Jahr, 1950, bei einem Besuch in Wien. Ihm fällt auf, daß die Menschen über die verschleppten und ermordeten Juden schweigen, während sie über das Schicksal des verwaisten jüdischen Eigentums rührselig berichten. Anders notiert die Äußerung einer Putzmacherin: »Und stellen Sie sich vor, Herr Doktor, da stand dann die Bücherei und das Pianino von Direktor Cohn einfach herum. Und kein Mensch im Hause.«[2] Das Mitleid der Frau galt nicht den Deportierten, sondern dem verlassenen Mobiliar.

Daß sich die Beziehung zu den Juden seit den fünfziger Jahren in der Bundesrepublik anders gestaltete als in Österreich, liegt also nicht an verschiedenen Vorstellungen von Moral oder unterschiedlicher Schuldeinsicht. Die Deutschen hatten nicht den österreichischen Ausweg, sich zum Opfer zu stilisieren – wenn man von dem in der DDR lebenden Teil absieht, wo die Staatsdoktrin lautete, das Volk sei von den Nazis okkupiert worden.

Die Gründe für die verschieden verlaufende Entwicklung liegen wohl eher im politischen Kalkül West-

---

[1] Arendt, S. 45
[2] Günther Anders, Die Schrift an der Wand; München 1967, S. 111

deutschlands, das die Juden für seine Neu-Etablierung benötigte. Als Konrad Adenauer 1950 begann, die internationale Stellung der jungen Bundesrepublik zu definieren, kam er zu der Erkenntnis, daß die Haltung gegenüber den Juden ein wichtiger Faktor bei der Verwirklichung seiner Ziele sei. Ein Ende des Besatzungsstatus sowie ein besseres Verhältnis zu den USA könne nur über ein besseres Verhältnis zu den Juden und zu Israel erreicht werden.

Adenauers Berater, der Leiter der politischen Abteilung des Außenministeriums, Herbert Blankenhorn, faßte seine Unterredungen mit dem Kanzler zu diesem Fragenkomplex wie folgt zusammen: »In diesen Gesprächen ist immer wieder der Gedanke vertreten worden, daß der neue deutsche Staat in der Welt Vertrauen, Ansehen und Glaubwürdigkeit nur wiedergewinnen werde, wenn die Bundesregierung ... sich von der Vergangenheit distanziere und durch eine eindrucksvolle materielle Wiedergutmachungsleistung dazu beitrage, das unglaubliche Ausmaß an erlittener seelischer und materieller Not zu erleichtern.«[1] Y. Michal Bodemann kommt in seiner Arbeit über den Aufbau der jüdischen Gemeinden im Nachkriegsdeutschland zur Zeit des Kalten Krieges zu dem Ergebnis, daß Adenauer die neue Juden- und Israelpolitik zuerst einmal für außenpolitische Zwecke instrumentalisierte, daß sie aber auch innenpolitisch nützlich war: »Die Adenauer-Regierung sah sich mit zwei Problemen konfrontiert. Als konservative, ausgesprochen antisozialistische und antikommunistische Regierung war

---

[1] Y. Michal Bodemann, Staat und Ethnizität. Der Aufbau der jüdischen Gemeinden im Kalten Krieg; in: Brumlik u. a. (Hg.), Jüdisches Leben in Deutschland seit 1945; Frankfurt 1986, S. 60

sie weitgehend gezwungen, für die Re-Etablierung der Staatsapparate auf ehemalige Mitglieder von Nazi-Organisationen, Aktivisten wie ›Mitläufer‹, zurückzugreifen. Andererseits war mit Nazis kein konservativ-christlicher, dazu pro-amerikanischer, rheinischer Teilstaat zu machen ... Eine konservative, stark in den Kalten Krieg involvierte Regierung konnte freilich mit der Linken als wichtigster antifaschistischer Kraft keine Kompromisse eingehen, und die Linke blieb deshalb weitgehend von der politischen Ämterverteilung in den Staatsbürokratien ausgeschlossen. Gefragt war deshalb eine apolitische Kraft, die als Gegengewicht zum Nazismus gesehen werden konnte, ohne den christlich-antikommunistischen Konservativismus ernsthaft herauszufordern, und die Juden stellten genau eine solche Ersatzposition gegen den Nazismus dar.«[1]

Um Sozialisten und Kommunisten auszugrenzen, brauchte man die Juden als antifaschistisches Aushängeschild. Zu demselben Zweck wurde die Kirche als Bollwerk gegen die nazistische Gefahr dargestellt. Beabsichtigt war, die Ansprüche politisch Verfolgter und anderer verfolgter Gruppen möglichst nicht zu berücksichtigen. In diesem Sinne bemühten sich die Deutschen um Aufnahme von Verhandlungen um materielle Wiedergutmachung und Rückkehr jüdischer Emigranten.

Trotz aller politisch-taktischer Motivation soll nicht übersehen werden, daß das Schuldbekenntnis, das Konrad Adenauer, Theodor Heuss und andere in ihren Reden ausdrückten, nicht allein opportunistisch war, sondern bei einer über zwölf Jahre nazistisch indoktrinierten Bevölkerung doch ein gewisses Wagnis dar-

---

[1] Bodemann, S. 60

stellte. Ihre Haltung markierte einen deutlichen Bruch mit der NS-Zeit und einen radikalen Wandel in der Politik gegenüber den Juden. Es war bedeutsam, daß die Juden nicht einfach wieder Bürger sein durften, so als wäre nichts geschehen, sondern daß in der Gesetzgebung der Bundesrepublik das problematische Verhältnis zwischen Deutschen und Juden nach 1945 zum Ausdruck kommt. Nicht allein in der selbstverständlichen Befreiung der Juden vom Wehrdienst in der deutschen Armee, wenn diese das wünschen, sondern darüber hinaus im Bewußtsein der Deutschen gegenüber der eigenen Vergangenheit, das sich auch in ihrer neuen Verfassung niederschlug.

In Österreich durften die Juden, wenn sie brav und still waren, vielleicht wieder leben – allerdings, wie Bundeskanzler Figl betonte, als Österreicher, nicht als Juden. Ihr Sonderschicksal unter dem Naziregime wurde ihnen nachträglich abgesprochen. Im politischen Kalkül Österreichs wurden die Juden nicht gebraucht. Die repräsentative Rolle, die sie in der Bundesrepublik zum Zeichen einer funktionierenden Demokratie einnehmen sollten, wurde in Österreich dem politischen Widerstand zugedacht.

Die österreichische Haltung zur eigenen Vergangenheit ähnelt der Haltung der DDR, die sich ebenfalls selbst von historischer Schuld freigesprochen hat. »Die offizielle Politik kennt keine Vergangenheitsbewältigung, weil sie sich auf eine antifaschistische Tradition und das Bündnis mit der Sowjetunion beruft«, schreibt Peter Honigmann. »Vom Standpunkt zahlreicher hoher Funktionäre, insbesondere der älteren Generation, mag das sogar richtig sein. Sie haben auf der Seite eines anderen Deutschland gestanden. Aber als Repräsentanten einer Bevölkerung, die sich in ihrem Verhalten während der Nazizeit nicht von dem Rest der Deutschen unterschied, ist es eine problematische Position. Das Geschichtsbild wird aus vereinzelten Elementen zusammengesetzt, andere werden mit Tabus belegt. Zum Schluß entsteht der Eindruck, als ob die DDR das erste von Hitler besetzte Land gewesen wäre.«[1] Laut DDR-Theorie war der deutsche Faschismus lediglich eine besondere Herrschaftsform des Monopolkapitalismus. Weil man mit dieser Theorie die Vernichtung der Juden nicht erklären kann, macht man die Juden eben auch zu *Opfern des Faschismus,* ohne den überwiegenden Anteil von Juden und die qualitativ andere Art der Verfolgung zu erwähnen. Die Vernichtung der Juden läßt sich schwer in ein ökonomistisches Erklärungskorsett pressen.

Wenn auch nicht in gleichem Ausmaß wie in der DDR, wo Widerstand und Antifaschismus Staatsdoktrin wurden, spielt der Widerstand für Österreichs Nachkriegspolitik und Imagewerbung doch eine wesentliche Rolle. In beiden Ländern wird die Vernichtung der Juden und Zigeuner, anders als in der Bundesrepublik, nicht als besonderes, einzigartiges Verbrechen herausgestellt.

In Österreich wurden politisch Verfolgte zuerst als einzige Opfer des Nationalsozialismus anerkannt. »Obwohl die Beseitigung der Nazi-Herrschaft in Österreich im wesentlichen von außen und oben erfolgte, mußte – dem Gründungsmythos der Zweiten Republik entsprechend – die Rolle eines patriotischen Widerstands

---

[1] Peter Honigmann, Über den Umgang mit Juden und jüdischer Geschichte in der DDR; in: Arndt u. a. (Hg.), Juden in der DDR; Duisburg 1988

nachträglich übertrieben und überhöht werden. Dieser Widerstand, der nicht abgewertet werden soll und darf, war in Österreich nicht breiter als im ›Altreich‹ selbst.«[1]

Der Widerstand, der vor allem von Kommunisten, aber auch von Sozialisten und Katholiken getragen worden war, die nach 1945 im besten Fall einen Orden verliehen bekamen, jedoch politisch und gesellschaftlich wenig Einfluß erhielten, sollte auch eine rein repräsentative Rolle als Aushängeschild für die Republik spielen. Darum wurde nachträglich eine breite, proporzmäßig besetzte Widerstandsbewegung gegründet, in der einige ihren Platz fanden, die erst in den letzten Tagen vor der Befreiung aktiv geworden waren. So mancher kampfesmüde Soldat, der verständlicherweise das Kriegsende lieber im heimatlichen Waldversteck als an der Ostfront abgewartet hatte, bezeichnete sich nachträglich als Partisan. Schließlich wurde ein *Dokumentationsarchiv des österreichischen Widerstands* gegründet, während es keine Dokumentationsstelle österreichischer Naziverbrechen und jüdischer Verfolgung gibt. Daß diese Bereiche durch das *Widerstandsarchiv* ansatzweise mitbearbeitet werden, entspricht nicht dem offiziellen Auftrag, sondern ist dem Interesse seiner Mitarbeiter zu verdanken.

Die Linke und die Rechte hatten sich in Österreich nach 1945 arrangiert. Sie bildeten eine Koalition, die zwanzig Jahre lang regierte; in den Konsens der beiden staatstragenden Parteien gehört die Berufung auf den Widerstand als Repräsentant der Demokratie. Den Gefühlen der Bevölkerung blieben solche Interpretationen fremd. Sie wurden als notwendige Anpassung empfun-

---

[1] John Bunzl, Anschluß, Verstrickung, Ausflüchte. Thesen über Österreich, Vortrag; Wien 1987

den, während 1945 als Niederlage und Beginn einer Fremdherrschaft, der *Besatzungszeit* erlebt wurde. »Die Koexistenz von offiziellem Mythos und realem Massenbewußtsein blieb unproblematisch, solange das System erfolgreich funktionierte. Immerhin konnte Österreich eine gegenüber Deutschland privilegierte ›Sonderbehandlung‹ erreichen: Keine Teilung, keine Stigmatisierung, keine Massenvertreibungen, verhältnismäßig geringe (und zögernde) Reparationen, Abzug aller fremden Soldaten, Unabhängigkeit.«[1]

Robert Knight wirft die Frage auf, welcher Zusammenhang zwischen der Kontinuität des Antisemitismus und der Herausbildung des österreichischen Nationalbewußtseins besteht. Er bezweifelt, daß die Bildung eines Österreich-Bewußtseins mit dem Abbau von Vorurteilen gegenüber Juden und anderen Minderheiten einhergegangen ist. Zumindest ebenso plausibel erscheint ihm die Hypothese, daß die Distanzierung von »dem Anderen« – ob in Gestalt der Besatzungstruppen, der *Reichsdeutschen* oder der ethnischen Minderheiten – eine wichtige Rolle bei der Etablierung dieses Bewußtseins spielte, wobei dem Antisemitismus allerdings aufgrund des Einschnitts, den Auschwitz darstellt, ein besonderer Stellenwert zukam. »Sollte der Antisemitismus daher vielleicht weniger als ein Teil des ›Fundus‹ vormoderner Bewußtseinsinhalte angesehen werden ..., sondern vielmehr als ein Teil jenes durchaus modernen Prozesses der Staatsbildung, der nicht nur eine Distanzierung nach außen, sondern auch eine kulturelle Homogenisierung nach innen mit sich bringt?«[2]

[1] Bunzl, Anschluß ..., Vortrag; Wien 1987
[2] Robert Knight, »Ich bin dafür, die Sache in die Länge zu ziehen«; Frankfurt 1988, S. 16

Wie die neuere Forschung zeigt, dürfte sich die These, der politische Antisemitismus sei erst mit der Waldheim-Affäre wiederbelebt worden, nicht halten. Ganz im Gegenteil scheint er ein integratives, stillschweigend benutztes Instrument der Nationsbildung gewesen zu sein.

Das neue Österreich-Bild wurde aus einer Perspektive der Täter geschaffen, die sich als eine der Opfer ausgibt. Patriotismus wurde von allen exzessiv betrieben, auch von den Kommunisten, die 1933 als erste von einer historisch fundierten österreichischen Nation gesprochen hatten. Die Zeitung ›Neues Österreich‹ unter der Leitung von Ernst Fischer schwelgte in einem homogenisierten Österreichbild. Rückblickend ging es allein um den Kampf um ein freies Österreich. Täglich wurde er beschworen. Ernst Fischer schrieb prototypisch: »Die Gräber der Vergangenheit sollen uns nicht entzweien, denn riesengroß ist das Grab, in dem Leib an Leib die toten Märtyrer Österreichs ruhen, Kommunisten, Sozialisten, Katholiken, gestorben im Kampfe für ein freies, unabhängiges und demokratisches Österreich.«[1]

Was fühlte ein österreichischer Jude, der das las? Patriotismus hieß Einheit: Die Kommunisten verzichteten um der Einheit willen (und einer die realen Kräfteverhältnisse weit überschreitenden Beteiligung an der Macht im neuen Österreich) darauf, deutlich zu machen, daß sie wirklich antifaschistischen Widerstand geleistet hatten, der den der andern Gruppen bei weitem übertraf. Die Sozialisten verzichteten auf den Klassenkampf und die Konservativen auf öffentliche Dollfuß-Verehrung. Auf die Juden verzichteten sie alle.

---

[1] Ernst Fischer, Das Ende einer Illusion. Erinnerungen 1945–1955; Wien–München–Zürich 1973, S. 89

»WIR MÖCHTEN SIE LOS SEIN«

> Abgesehen von allen Reden und Erklärungen
> haben die Vernichtungslager zur Folge gehabt,
> daß man Juden gleichsam a priori als potentielle
> Konzentrationslager-Bewohner ansieht.
> Hannah Arendt

Es gab keine Stunde Null. Die Juden hatten ihren ganzen Überlebenswillen auf den Moment der Befreiung konzentriert. Als dieser Moment vorbei war, schien ihr Leben jeden Sinn verloren zu haben. Jetzt erst konnten und mußten sie sich mit dem Verlust ihres Lebenszusammenhangs und ihrer Angehörigen und mit ihrer Überlebensschuld konfrontieren. Waren Selbstmorde in den Konzentrationslagern Seltenheit, so gehörten sie nach der Befreiung zum Alltag.

Für uns Nachgeborene ist die Kontinuität der Schamlosigkeit, mit der österreichische Juden, die aus dem Konzentrationslager oder aus der Emigration zurückkehrten, behandelt wurden, kaum faßbar. Nicht allein kehrte der Überlebende ins Nichts zurück. In eine Stadt, wo Angehörige und Freunde fehlten und eine ganze Kultur, an der er teil gehabt, in der er gelebt hatte, zerstört war. Er kehrte auch in eine Umwelt zurück, die ihm nicht nur feindlich gegenüberstand, sondern die mittlerweile bewiesen hatte, daß ihre Feindschaft bis zur Vernichtung reicht. Und auf die er existentiell angewiesen war wie nie zuvor. Juden wurden nach der Zerschlagung des *Dritten Reiches* in Österreich nicht mehr gekennzeichnet und umgebracht, man ließ sie jedoch keinen Augenblick im Zweifel, daß sie unerwünschte Fremde waren.

Zuerst einmal mußte der Überlebende ins Rathaus, um sich wieder einmal registrieren zu lassen – diesmal bei der *Zentralstelle der Opfer des Naziterrors,* wobei er zuweilen mit der Frage begrüßt wurde »Sind Sie Jude oder Arier?«[1] Das erste Opferfürsorgegesetz, das die provisorische Staatsregierung im Juli 1945 beschloß, sah Fürsorgemaßnahmen und Begünstigungen lediglich für aktive Widerstandskämpfer vor.[2] Die Juden mußten sich ihre Anerkennung als »gleichberechtigte politische Opfer« erst erkämpfen.[3]

Auch unter den Opfern setzten sich Hierarchien und Aversionen, die vor und während der Unterdrückung durch die Nazis bestanden hatten, fort. Der KZ-Verband nahm lediglich politisch Verfolgte auf, was 1946 zur Gründung eines jüdischen KZ-Verbandes führte. Nicht oder schlecht organisierte Gruppen wie Homosexuelle, Zwangssterilisierte und die Nachkommen der Euthanasieopfer werden bis heute nicht als Opfer des Nationalsozialismus anerkannt. Ebensowenig wie die nationalsozialistische Judenpolitik bei der Mobilisierung des Widerstands eine Rolle gespielt zu haben scheint, beschäftigte das Schicksal der Juden die Antifaschisten nach der Befreiung. Die Mystifikation des Widerstands, die durch einige seiner offiziellen Sprecher betrieben wurde, trug nicht unwesentlich zu der Tabuisierung einer Diskussion über Österreichs Verstrickung in den Nationalsozialismus bei. Natürlich ist auch das Thema

---

[1] Der Neue Weg; 15. Dezember 1945, S. 2
[2] Brigitte Galanda, Die Maßnahmen der Republik Österreich für die Widerstandskämpfer und die Opfer des Faschismus. Wiedergutmachung; in: Meissl u.a. (Hg.), Verdrängte Schuld, verfehlte Sühne. Entnazifizierung in Österreich 1945–1955; Wien 1986, S. 142
[3] Bericht des Präsidiums der Israelitischen Kultusgemeinde Wien über die Tätigkeit in den Jahren 1945–1948; Wien 1948, S. 19

Antisemitismus unter Widerständlern tabu. So kommt es zu so grotesken Stellungnahmen wie nach der Äußerung des ehemaligen Außenministers Karl Gruber im Februar 1988, die amerikanischen Juden würden gegen Österreich hetzen, weil keine Wiedergutmachung gezahlt wurde. Die allgemeine Entschuldigung für Gruber: Er könne kein Antisemit sein, weil er im Widerstand war.

Die Anerkennung der Juden als Opfer war also der erste Schritt, um neben dem eher wertlosen *Opferausweis* eine *Amtsbescheinigung* zu erhalten. Den jüdischen Überlebenden der Konzentrationslager wurde eine *Amtsbescheinigung* – eine Notwendigkeit für Rentenbezug und Hilfsfürsorge – nur unter gewissen Bedingungen zugestanden, wobei es »verschiedenen Behörden anheimgestellt wurde zu entscheiden, ob die Voraussetzungen, insbesondere auf den sogenannten politischen Einsatz, gegeben waren.«[1] Plötzlich mußten Juden, die allein wegen ihres Jude-Seins verfolgt worden waren, beweisen, daß sie würdige Opfer waren. Jude sein war nicht genug; Gegner des Nationalsozialismus mußten sie gewesen sein.

5.700 Juden waren in den Nachkriegsjahren für die Stadt Wien zuviel. Jeder Neuankömmling wurde mißtrauisch beäugt, jeder Fremde schien ein Warnsignal zu sein, daß die Juden wieder die Stadt überrennen könnten. Die Einbürgerung von ehemaligen österreichischen Juden war keine Selbstverständlichkeit. Noch zu Beginn der achtziger Jahre wurde ihnen manchmal die Rückkehr durch bürokratische Schikanen österreichischer Konsulate im Ausland erschwert.[2]

---

[1] Bericht des Präsidiums der IKG, S. 209
[2] Vgl. z. B. Israel Nachrichten, 13. November 1987

Neben kleineren Gruppen aus Karaganda, Palästina und Nisko wollten kurz nach dem Krieg lediglich 852 Juden aus Schanghai geschlossen nach Österreich zurückkehren. Die österreichische Regierung zögerte lange, bevor sie sich bereit erklärte, sie aufzunehmen. »In langen mühevollen Verhandlungen gelang es, bürokratische Bedenken des Ministeriums des Inneren und den antisemitisch gefärbten Widerstand verantwortlicher Funktionäre im Ministerium des Äußeren zu überwinden und zu erreichen, daß unsere Regierung ihre Bereitschaft aussprach, den österreichischen Staatsbürgern die Einreise zu gewähren.«[1] Obwohl jüdische Organisationen im In- und Ausland die Versorgung der Rückkehrer übernahmen, verhielt sich die Gemeinde Wien in der Frage der Unterbringung der Leute abweisend. Sie legte sich besonders bei der Wohnungsvergabe quer, oft jedoch schon bei der Bereitstellung von Hotelzimmern als Übergangslösung. Auf Bitten der jüdischen Vertreter mußte Bürgermeister Theodor Körner immer wieder beim Wiener Wohnungsamt intervenieren, damit Zimmer zur Verfügung gestellt wurden.

Unbürokratische Soforthilfe klappte genau einen Monat lang. Im Sommer 1946 wurde dem Wohnungsreferat der Israelitischen Kultusgemeinde die Möglichkeit eingeräumt, dem Wohnungsamt der Stadt Wien Vorschläge bezüglich der Einweisung von Juden in Wohnungen von geflüchteten Nazis zu unterbreiten. In den ersten Septembertagen wurden 90 Personen in Wohnungen eingewiesen. Einen Monat später hob die Stadt Wien die getroffene Vereinbarung auf. Es begann der

---

[1] Bericht des Präsidiums der IKG, S. 28

Kampf um jede einzelne Bleibe. Im Jahr 1946 zum Beispiel belegte ein österreichischer Jude, der aus Auschwitz zurückgekehrt war, eine Zweizimmer-Wohnung, die ein geflüchteter Nazi bewohnt hatte. Im gleichen Jahr kam dieser Nazi zurück und forderte die Wohnung ein. Das Gericht entschied zu seinen Gunsten, obwohl er unvorsichtigerweise sein Parteibuch und andere belastende Dokumente in einem Schrank vergessen hatte. Nur durch die Intervention eines englischen Soldaten – ein Bekannter des Juden – bei der britischen Militärbehörde, konnte das Urteil rückgängig gemacht werden. Die Briten klagten den Richter, und der Jude konnte die Wohnung behalten.

Zwei weitere Beispiele aus dutzenden Fällen, die in der jüdischen Presse veröffentlicht wurden, sollen die Schikanen, denen die Überlebenden ausgesetzt waren, illustrieren.

Ein siebzigjähriger Steinmetz, der bis 1938 ein eigenes Geschäft besessen hatte, wurde am 10. November 1938 verhaftet und in ein Lager in der Grünentorgasse gebracht. Nach einigen Tagen wurde er entlassen und mußte feststellen, daß inzwischen sein Geschäft enteignet worden war und von einem *kommissarischen Leiter* geführt wurde. Auch seine Wohnung samt Inventar war *arisiert* worden. Nach kurzer Zeit wurde er abermals verhaftet und in das Sammellager in der Sperlgasse gebracht. Auf Bitten seiner nichtjüdischen Frau wurde er entlassen und dem jüdischen Arbeitsamt überstellt und mußte bis zur Befreiung im Heizhaus einer Wiener Großwäscherei arbeiten.

Weder Betrieb noch Wohnung hat er zurückbekommen. Er schreibt: »Im Vorjahr, also 1945, hat die Gemeinde Wien in allen Zeitungen die Aufforderung publiziert, alle von den Nazis Geschädigten sollen sich im Rathaus registrieren lassen. Nach tagelangem Anstellen kam ich endlich dazu, auch mein Leid und Unglück auf das Formular niederzuschreiben.

Im Jahre 1946, nach endlosem abermaligem Anstellen, bekam ich ein sogenanntes ›Fürsorgebuch‹. Dieses Buch ist dazu bestimmt, meine armselige Wohnung zu verschönern und quasi als Beginn eine Bibliothekseinrichtung vorzubereiten, denn ich und meine Frau, siebzigjährig, haben nicht das allerwenigste, ja nicht einmal ein Stückchen Holz, nicht ein Fensterglas erhalten. Wer soll das Fürsorgebuch mir in Verwahrung nehmen, damit es im Museum einst hinterlegt werden kann? Und Wiedergutmachung, das sind bloß Gelüste; mein Geschäft, meine Existenz verloren, alt, klammern wir uns doch an die Hoffnung, daß die Gesetzmacher ÖVP, SPÖ, KP einen Lärm machen werden, um uns zu helfen, aber es ist nur hie und da ein kleines flackerndes Lichtlein, das den Trost der nahen und sicheren Hilfe bringt. Es scheinen doch die Faschisten die Macht zu haben, denn in meiner Branche sitzen die meisten in ihren Geschäften, und die Tüchtigen in arisierten.«[1]

Ein anderer Jude, der als einziger Überlebender seiner Familie nach Wien zurückkam, schreibt eineinhalb Jahre nach der Befreiung: »In meine Heimatstadt zurückgekommen habe ich von meinem ganzen Hab und Gut nichts vorgefunden außer einem Banksparbuch auf 1.270 Schilling, das mir gute Freunde aufbewahrt haben. Nun laufe ich mir seit einem Jahr die Füße ab und habe mit Gesuchen, viel Geduld und Mühe in Teilbeträgen 40 Prozent freibekommen. Die restlichen 60 Prozent sind

---

[1] Zweimal Naziopfer; in: Der Neue Weg, 1. Juli 1946, S. 7

gesperrt. Ich weiß schon nicht mehr, wieviel Formulare ich ausgefüllt habe und wieviel Unkosten und Zeitverlust ich hatte. Zuerst bei der Bank und dann im Finanzministerium in der Johannesgasse. Dort hat mein Gesuch sieben Monate ›geruht‹ und wurde nicht erledigt. Vorige Woche hat man mir dort gesagt, es sei eine neue Verordnung gekommen und ich müsse beim Finanzamt einreichen. Nach ausdauerndem Warten und Erfüllung aller Formalitäten ist es mir heute gelungen, das Ansuchen beim Finanzamt abzugeben. Der Beamte sagte mir, mein Gesuch gehe jetzt an die Finanzlandesdirektion Wien, und es werde längere Zeit dauern. Bisher wurde noch kein Ansuchen erledigt. Auf den Hinweis, daß ich derzeit krank und arbeitsunfähig bin und das Geld zum Lebensunterhalt und zu dringenden Anschaffungen benötige, hatte er nur ein bedauerndes Achselzucken.«[1]

Die Schikanen der Behörden waren nur ein milder Ausdruck der wahren Stimmung der Bevölkerung. Erst mit steigendem Wohlstand ging der Antisemitismus auf sein normales österreichisches Maß zurück. In den ersten zehn Nachkriegsjahren ist aus Zeugenaussagen und hunderten Berichten in der jüdischen und der amerikanischen Presse eine Pogromstimmung erkennbar, die durch die Anwesenheit und das häufige Eingreifen der Alliierten gebändigt wurde. Wo immer Juden auftauchten oder auch nur über sie gesprochen wurde, machte sich Unmut Luft. Sogar während einer Vorlesung über die entrechtete Stellung der Juden im Mittelalter auf der juristischen Fakultät der Universität Wien fühlte sich ein Teil der Hörer bemüßigt, durch Fußgetrampel seiner

---

[1] Wiedergutmachung; in: Der Neue Weg, 1. November 1946, S. 5

Sympathie für die Verfolger Ausdruck zu verleihen.[1] Das kollektive Erlebnis einer Filmvorführung im dunklen Kinosaal eignete sich besonders gut für nazistische Kundgebungen und Haßausbrüche gegen Juden und Antifaschisten. Als im Gartenbau-Kino der Film ›Rom – offene Stadt‹ gezeigt wurde, klatschte ein Teil des Publikums zu der Szene, in der Faschisten einen Priester foltern. Im Stafa- und Flottenkino berichtete die Wochenschau über die Rückkehr österreichischer Juden aus Schanghai. Der Kommentar betonte, daß die Juden kämen, um am »Wiederaufbau der Heimat teilzunehmen«. Aus dem Publikum kam die Antwort: Vergasen.[2]

Der Wiener Bürgermeister Theodor Körner bezeichnete die antisemitischen Vorfälle als »Märchen«, für die Juden waren sie Realität. Der ›Neue Weg‹ äußerte aufgrund solcher und anderer Vorfälle: »Was haben wir armes Häuflein Überlebender ... zu gewärtigen, wenn der Staatsvertrag einmal unterschrieben und der Schutz seitens der Alliierten zu Ende gegangen ist? Und da sprechen offizielle Stellen von einem ›Märchen‹? Dieses Märchen ist nach sieben Jahren grausigsten Geschehens in Österreich noch immer schändliche, blutige Wirklichkeit!«[3] Berichte dieser Art nannte Körner »bewußte Lügen oder gedankenloses Geschwätz, denn der Wiener ist Weltbürger und daher von vornherein kein Antisemit.«[4]

Der Fußballplatz war ein weiteres, zur Entladung der Volkswut prädestiniertes Feld. »Wir riefen dann die Russen an«, erzählt Herbert Schrott, damals eifriger

[1] Der Neue Weg, Nr. 13/14, 1946, S. 12
[2] Der Neue Weg, Nr. 6, April 1947
[3] Ebenda
[4] Der Neue Weg, Nr. 3, Februar 1947

Matchbesucher, »das Stadion lag in der russischen Zone. Die kamen sofort und luden die Rowdys in ihren Jeep.«[1]

Sogar Straßenbahnfahren war für Juden in den ersten Nachkriegsjahren gefährlich. Ein Bericht, der für viele steht, wurde dem *Aktionskomitee der jüdischen KZler* vorgelegt: Ein Herr H. W. berichtet von einem Mann, der am 14. Juni 1946 in der Linie 62, Richtung Meidling, Nazi-Propagandasprüche verkündete und meinte, in 25 Jahren würden die Nazis wieder groß dastehen.

»Die umstehenden Fahrgäste freuten sich offenbar über diese Äußerung sehr. Plötzlich sagte er: ›Warum soll es in Wien nicht Nazis geben, wenn hier noch so viele Juden sind?‹ Da forderte ich den Unbekannten auf, seine Bemerkungen über die Juden zu unterlassen, woraufhin er mir eine Ohrfeige gab. Ich bat den Schaffner, den Wagen anzuhalten, und als dieser das nicht tat, zog ich selbst das Haltesignal. Da plötzlich versetzte mir der Fremde nochmals einen Schlag mit der Faust ins Gesicht. Während der Fahrt halfen die Fahrgäste daraufhin dem Fremden, in den ersten Wagen zu gelangen, während mich vier starke Männer während der Fahrt aus dem Wagen stießen, mich dann auf der Straße noch schlugen, und wenn nicht ein Russe gekommen wäre, der mir zu Hilfe eilte, wäre ich bestimmt totgeschlagen worden. Der Schaffner, der dies alles beobachtete, fuhr mit der Bahn schnell weiter. Danach bin ich auf das Polizeirevier (Staatspolizei) im 12. Bezirk gegangen und habe den Vorfall dort zu Protokoll gegeben. Der Protokollaufnahme wohnten zwei englische Sergeanten bei. Mit Hilfe der Staatspolizei gelang es uns, den betreffenden Schaffner

---

[1] Interview R. B. mit Herbert Schrott, 18. November 1987

ausfindig zu machen, der alle meine Angaben im Protokoll als richtig bestätigen mußte.«[1]

Simon Wiesenthal stellte im Oktober 1946 fest, daß der »nazistische Antisemitismus tief im Unterbewußtsein der Menschen verankert« sei. Besonders die Jugend sei davon befallen. Sie könne nicht begreifen, daß Juden Menschen sind wie andere Menschen auch. »Diese junge Generation ist nicht angekränkelt ..., sie ist krank.«[2] Wiesenthal schreibt, die »feinsten« Menschen würden den eigenen Antisemitismus nicht einmal bemerken. Es könne geschehen, daß man »einem hochgebildeten und bestimmt nicht antisemitischen Zuhörer vom KZ erzählt und dann von ihm hört ›... es waren doch nur Juden!‹ oder ›... ich habe geglaubt, es waren nur Juden und Slawen‹«. Er berichtet von einer Krankenschwester, die zu einem ehemaligen KZ-Häftling sagte, er solle froh sein, daß er nicht mehr im KZ sei. Als dieser antwortete: »Gewiß. Sie doch auch«, sah sie ihn verblüfft an und meinte: »Ich? Wie komme ich dazu? Ich bin doch keine Jüdin.«[3]

Die Bevölkerung konnte sich nicht daran gewöhnen, daß es wieder Juden gab, die frei herumlaufen durften. In den Jahren 1945 bis 1948 durchquerten eine Million Flüchtlinge das Land, darunter etwa 100.000 Juden. Sie wurden in Lagern der Amerikaner und der Briten untergebracht. Die jüdischen *Displaced Persons* waren entweder in österreichischen Konzentrationslagern befreit worden oder aus Osteuropa in den Westen geflüchtet. Nach dem Pogrom in Kielce (Polen) 1946 und nach dem

---

[1] Der Neue Weg, Nr. 25/26, 15. Juli 1946
[2] Simon Wiesenthal, Antisemitismus im Unterbewußtsein; in: Der Neue Weg, Nr. 35/36, 1. Oktober 1946, S. 5
[3] Wiesenthal, S. 5

Beginn der Nationalisierungen in Rumänien 1947 kam es zu großen Flüchtlingswellen.

Displaced Persons – eine Verwaltungskategorie der Alliierten – bezeichnete solche Zivilpersonen, die als Kriegsfolge im weitesten Sinn in die Fremde verschlagen wurden und einstweilen nicht in der Lage waren, sich dort zu behaupten (Wohnung, Essen, Kleidung, Sicherheit), und die mittelfristig wieder an ihren eigentlichen Lebensort zurückkehren sollten.[1]

Es wurde schnell deutlich, daß es für die jüdischen DPs diesen *eigentlichen Lebensort* nicht mehr gab. Die meisten Überlebenden fuhren in ihren ehemaligen Heimatort zurück, um nach Verwandten zu suchen und kamen wieder, weil sie es unerträglich fanden, an Orten zu bleiben, die jüdische Friedhöfe geworden waren. Betreuer in den DP-Lagern bemerkten ein festgelegtes Muster in den Wanderungen der Überlebenden: »Sie kehren in ihr Land zurück; sie sehen sich um und finden niemanden von ihrer Familie, keine Verwandten oder Freunde; sie nehmen Abschied von den Ruinen ihrer Häuser, ihren Gemeinden; dann gehen sie nach Westen, zu den strategischen Routen, die nach Palästina oder in andere Überseeländer führen.«[2] In Lagern in den deutschen und österreichischen Westzonen wurden sie vorerst untergebracht. Manche warteten Jahre auf die Weiterfahrt, denn der Masse der *Displaced Persons* gelang die Abreise erst nach der Gründung des Staates Israel im Jahr 1948. Der

---

[1] Vgl. Wolfgang Jacobmeyer, Die Lager der jüdischen Displaced Persons in den deutschen Westzonen 1946/47 als Ort jüdischer Selbstvergewisserung; in: Brumlik u. a. (Hg.), Jüdisches Leben in Deutschland seit 1945; Frankfurt 1986, S. 31 ff.

[2] Karen Gershon, Postscript. A collective account of the lives of Jews in West Germany since the Second World War; London 1969, S. 37, (Übers. R. B.)

Kampf um einen eigenen Staat erschien den Überlebenden als die einzige sinnvolle politische Betätigung. Von Europa wegzukommen und in einem »Staat der Juden« neu anzufangen, war für die Mehrheit der Juden die einzige Zukunftsperspektive.

Aber die Juden waren nicht allein im örtlichen Sinn des Wortes *displaced*. Die Überlebenden des Vernichtungssystems konnten sich in einem normalen Leben kaum zurechtfinden, auch wenn sie sich physisch erholt hatten. Ihre psychische Verfassung äußerte sich entweder in völliger Passivität und Verwahrlosung oder in Aggressivität untereinander, gegenüber den alliierten und österreichischen Behörden sowie der Bevölkerung. Zu wirklichen Racheakten kam es erstaunlicherweise selten. »Wir raubten und plünderten nicht. Der Haß, den wir fühlten, war zu tief, die Verachtung zu groß.«[1] Die wenigen Racheakte, die von jüdischen Überlebenden verübt wurden, richteten sich eher gegen jüdische »Funktionsträger« (Kapos) als gegen die Urheber des Funktionsträgersystems.[2]

»Religion und Zionismus – das sind die einzigen beiden Ideen, die den Überlebenden in den Lagern Hoffnung und Lebendigkeit bringen. Es kann ohne Übertreibung gesagt werden, daß alle anderen Ideale und Ideen, die früher in Teilen des Judentums populär waren, verschwunden sind.«[3] Gerade das Außergewöhnliche und Unsichere eines Lebens in Palästina, anfangs verbunden mit dem Abenteuer einer illegalen Einwanderung, entsprach am ehesten der individuellen Erregung der Über-

[1] Gershon, S. 22

[2] Cilly Kugelmann, Zur Identität osteuropäischer Juden in der Bundesrepublik; in: Brumlik u. a. (Hg.), Jüdisches Leben in Deutschland; Frankfurt 1986, S. 181

[3] Gershon, S. 43

lebenden. Ihre Verfassung schwankte zwischen »Wir leben noch« und »Wir sind noch immer tot«, zwischen Trotz und Trauer.[1]

Ein ruhiger Alltag hätte die Konfrontation mit dem Erlebten unerträglich gemacht. Daher hielten die Juden das Leben in den DP-Lagern, die sie als Fortsetzung ihrer Entpersönlichung empfanden, schwer aus. Es wurde für sie gesorgt, doch sie konnten nur beschränkt über sich selbst bestimmen. Manche fanden Ablenkung in der beruflichen und sprachlichen Vorbereitung auf Palästina; manche druckten Zeitungen – in den meisten DP-Lagern erschienen regelmäßig Zeitungen in jiddischer Sprache –, andere betrieben Schwarzhandel in der Umgebung des Lagers und Schmuggel zwischen den Zonen.

Aus den Reaktionen der Bevölkerung in Salzburg und Oberösterreich, wo sich die meisten Lager befanden, ergibt sich der Eindruck, daß die Menschen das Wissen oder Ahnen von den Konzentrationslagern der Nazis besser ertrugen als die Anwesenheit freier Juden. Sie sahen in ihnen nicht die Überlebenden der mittlerweile durch Photos und Berichte bewiesenen Verbrechen, sondern die Überlebenden der leider mißlungenen *Endlösung* der Judenfrage. Jede Extraration, die den Juden vom *American Joint* zugeteilt wurde, machte sie wütend. Demonstrationen vor Hotels in Bad Gastein, wo Juden untergebracht waren, fanden statt. Es hieß, die Juden wären an der Lebensmittelknappheit und am Ausbleiben der Touristen schuld. Nicht zuletzt hätten sie die grassierenden Geschlechtskrankheiten eingeschleppt, wie ein Arzt des Salzburger Landeskrankenhauses in den ›Salzburger Nachrichten‹ ernsthaft behauptete.[2]

---

[1] Jacobmeyer, S. 31
[2] Der Neue Weg, Nr. 1, Januar 1947

»Die jüdischen DPs wurden, unabhängig von ihrer Staatsangehörigkeit, als alliierte DPs behandelt und von den Besatzungsmächten versorgt. Im Gegensatz zur Masse der DPs fielen sie dem österreichischen Steuerzahler nicht zur Last.«[1] Obwohl sie Österreich nichts kosteten, wurde in der Presse der Eindruck vermittelt, das arme Land müsse die Juden versorgen.

In Wirklichkeit hatte die Republik lediglich für die Aufenthaltskosten jener DPs aufzukommen, die den Staaten ihrer ehemaligen Verbündeten angehörten. Bei ihren ehemaligen Gesinnungsgenossen zahlte sie anscheinend gerne. Die ÖVP setzte sich vehement gegen die sowjetische Forderung nach Zwangsrepatriierung und für die Integration der Volksdeutschen in die österreichische Bevölkerung ein.

Obwohl die Juden nur einen geringen Prozentsatz unter den DPs ausmachten, wurden sie »unter Anwendung des den Nazi-Faschismus nahezu ungebrochen überlebenden traditionellen antisemitischen Stereotypenreservoirs, zum negativen Paradebeispiel, zum Symbol des »DP« schlechthin, hochstilisiert. Somit verbanden sich Neid, Fremdenfeindlichkeit und latent vorhandener Antisemitismus zu einem ganzen Bündel von Vorurteilen«, schreibt Thomas Albrich.[2]

Die zeitgenössische Stimmung drückte die ›Arbeiter-Zeitung‹ am 21. August 1946 in einer Schlagzeile auf der Titelzeile aus: »Wir möchten sie los sein!«

---

[1] Thomas Albrich, Exodus durch Österreich; Innsbruck 1987, S. 190
[2] Albrich, S. 181

Kontinuität der Schamlosigkeit

> Ach, Österreich ...
> das ist wirklich ein Kapitel für sich.
> Nahum Goldmann

> Was ein Staat vorgibt zu sein, erfährt man aus den
> Trinksprüchen, Weihnachtsbotschaften und Sonn-
> tagsreden seiner Honoratioren. Was ein Staat wirk-
> lich ist, erfährt man aus seinem Budget.
> Ernst Fischer

BEZEICHNENDERWEISE war das einzige die Juden betreffende Thema, das die Gemüter der Österreicher nach der
Massenvernichtung erregte, die Frage der Entschädigung. Schließlich war ein guter Grund für die Nazi-Begei-
sterung die Beraubung der Juden gewesen. Sollte sich
nicht einmal das gelohnt haben? Karl Renner, unüber-
troffener Repräsentant österreichischen Opportunis-
mus', sagte offen, daß seinem Gefühl nach »alle diese kleinen Beamten, diese kleinen Bürger und Geschäftsleute
bei dem seinerzeitigen Anschluß an die Nazi gar nicht
weittragende Absichten gehabt haben – höchstens, daß
man den Juden etwas tut – vor allem aber nicht daran ge-
dacht haben, einen Weltkrieg zu provozieren.«[1]

Von den ersten Tagen der Befreiung an wurde die Ver-
hinderung und Einschränkung der Rückstellung zu
einem Leitmotiv der jeweiligen Bundesregierung, die in
kaum einer anderen Frage so einmütig nach dem alten

---

[1] Robert Knight, »Ich bin dafür, die Sache in die Länge zu ziehen.«;
Frankfurt 1988, S. 114

Prinzip, nicht die Klasse, die Rasse zähle, die Interessen der Bevölkerung vertrat. Denn »Bauern, die von der Aufteilung von ›arisiertem‹ Grundbesitz profitiert hatten, standen auf der gleichen Seite wie die Inhaber von etwa 60.000 Wiener Wohnungen.«[1]

Darüber hinaus hätte anständigeres Verhalten gegenüber den Juden – eben die Rückgabe geraubten Vermögens – die Taktik, Österreich als Opfer auszugeben, fragwürdig erscheinen lassen. Der Gesamtwert an jüdischem Vermögen, das nach dem Anschluß *arisiert* worden war, betrug nach Schätzung der Kultusgemeinde ca. 3 Milliarden Reichsmark (ca. 1,2 Milliarden Dollar). Wären die *Ariseure* nun zu einer groß angelegten Rückgabeaktion gezwungen worden, hätten sie die These von der Opferrolle der Österreicher öffentlich und eindeutig widerlegt. Die Logik lautete: Wenn wir zugeben, daß wir die Juden beraubt haben, glaubt uns keiner mehr, daß wir Opfer der Deutschen sind. Also geben wir nichts zu und nichts zurück. Da die Juden als Fremde, die *Ariseure* dagegen als die *eigenen Leut'* empfunden wurden, schien es nur legitim, daß das Vermögen im Volke blieb. Gustav Jellinek, der an den Verhandlungen auf jüdischer Seite teilnahm, erinnert sich, daß er immer wieder hörte, es gäbe keinen Grund für Verhandlungen, denn »Österreich trage an allen diesen bösen Dingen keine Schuld, und wo keine Schuld, da keine Verpflichtung zu einer Wiedergutmachung«.[2]

Es war nicht nur die Hausmeisterin, die silberne Kerzenleuchter für sich behalten wollte oder der Geschäfts-

---

[1] Knight, S. 42
[2] Gustav Jellinek, Die Geschichte der österreichischen Wiedergutmachung; in: Fraenkel (Hg.), The Jews of Austria; London 1967, S. 398

mann, der sein Lokal nicht zurückgeben wollte. Wie die Veröffentlichungen Robert Knights zeigen, wurde in den Ministerratssitzungen offen und widerspruchslos antisemitisch geredet und nachgedacht, wie man die Sache mit den Juden am besten »in die Länge zieht«.

Ebenso leisteten andere gesellschaftliche Organisationen, die immer wieder um Gutachten ersucht wurden, ihren Beitrag. Zum Beispiel begründete die Bundeskammer der Gewerblichen Wirtschaft ihre ablehnende Haltung zu Rückstellungen damit, daß »jegliche Veränderung Unruhe und Unsicherheit in der Bevölkerung und im Wirtschaftsleben auslösen«[1] würde.

Die österreichische Regierung versuchte, das Problem auf Deutschland bzw. später auf die Bundesrepublik abzuwälzen. Außenminister Gruber meinte 1947: Was die Ansprüche »mancher ehemaliger österreichischer und nun im Ausland befindlicher Beamter« betreffe, »werden wir den Grundsatz vertreten, daß wir sie wieder anstellen werden«; bei Schadenersatzansprüchen »werden wir sie aber auf Deutschland verweisen, dessen Politik sie aus Österreich verdrängt hat. Besonders von amerikanischer Seite strebt man die volle Schadenersatzpflicht an. Dagegen müssen wir uns zur Wehr setzen.«[2] Die westdeutsche Regierung weigerte sich jedoch lange, auch nur einen Pfennig für Österreich zu zahlen, laut Nahum Goldmann mit der Begründung, Hitler sei Österreicher gewesen und der Nazismus sei aus Österreich gekommen.[3] Adenauer erwiderte auf die österreichischen Forderun-

[1] Freie Welt; April 1949, Bericht nach einer Rundfunkmeldung vom 21. 1. 1949
[2] Knight, S. 166
[3] Nahum Goldmann, Das jüdische Paradox; Köln–Frankfurt 1978, S. 186

gen, man wäre gerne bereit, Österreich die Gebeine Adolf Hitlers zu übergeben.

Die Bundesrepublik verpflichtete sich im Bad Kreuznacher Abkommen von 1961 dann doch zur Zahlung von 6 Millionen DM an den *Hilfsfonds,* als Entschädigung für Gold und Diamanten aus jüdischem Besitz, die nach dem Anschluß nach Berlin gebracht worden waren. 95 Millionen DM wurden der österreichischen Regierung für die Opferfürsorge zur Verfügung gestellt. Die große Opferfürsorgenovelle, die mehr als fünfzehn Jahre nach Kriegsende erstmals auch die *rassisch Verfolgten* berücksichtigte, wurde mit deutschen Mitteln finanziert. Bundeskanzler Raab stellte sie allerdings als österreichische Leistung dar.

Auf die Ablehnung Österreichs, sich zu seiner Mitschuld zu bekennen, antwortete das *Claims Committee* mit der Vorlage von Dokumenten – Berichte von Gauleitern – aus der *Ostmark* des Jahres 1938. So hatte etwa die SS-Außenstelle Baden bei Wien anläßlich des Novemberpogroms befunden: »Ein propagandistischer Erfolg erster Klasse. Mitleid für die Juden wurde nirgends festgestellt, auch nicht unter den sogenannten besseren bürgerlichen Kreisen.«[1]

Die Vorlage solcher Dokumente änderte nichts an der Haltung der Regierung. Die Vorschläge und Forderungen jüdischer Organisationen wurden ignoriert. Erst unter dem Druck des *State Department* in Washington und des *Foreign Office* in London machten die Österreicher einen kleinen Schritt. Sie meinten, man könne ja zunächst einmal verhandeln.

---

[1] I.P.N., Sonderbeilage zu Nr. 1, 4. 11. 1953; in: Walch, Die jüdischen Bemühungen um die materielle Wiedergutmachung durch die Republik Österreich; Salzburg 1969, S. 15

Bei den jüdischen Wiedergutmachungsverhandlungen mit der Republik Österreich ging es um die Rückerstattung des jüdischen Vermögens in Österreich, Ausgleich des Schadens durch Verlust der Einkommens- und Erwerbsquellen und des Wertes der zerstörten Tempel und Devotionalien. Da es sich nicht allein um die Ansprüche der wenigen in Österreich lebenden Juden handelte, sondern um diejenigen der in allen Teilen der Welt lebenden Emigranten, wurden die Verhandlungen von einem aus der Israelitischen Kultusgemeinde Österreichs und 23 internationalen jüdischen Organisationen gebildeten *Committee for Jewish Claims on Austria* geführt. Ein nach dem gleichen Muster zusammengesetztes Komitee hatte – auch unter der Leitung des Präsidenten des *World Jewish Congress,* Nahum Goldmann, – die Verhandlungen mit der Bundesrepublik innerhalb von sieben Monaten zufriedenstellend abgeschlossen. Mit Österreich dauerten die Verhandlungen, die erst nach wiederholtem Drängen der Juden begannen, acht Jahre und wurden mit einem Ergebnis abgeschlossen, das für die jüdische Seite nicht befriedigend war. Das Verhandlungskomitee behielt sich in einem Passus des auf Drängen Österreichs verfaßten Endfertigungsschreibens vom 19. Jänner 1961 weitere Interventionen in ungelösten Fragen vor.

Am 17. Juni 1953 war die Delegation unter Führung Nahum Goldmanns zum ersten Mal von Bundeskanzler Julius Raab, Vizekanzler Adolf Schärf, Finanzminister Reinhold Kamitz und Außenminister Karl Gruber empfangen worden. Es begannen Verhandlungen, die immer wieder abgebrochen wurden, Termine wurden hinausgezögert oder nicht eingehalten, Versprechen gemacht, die schnell wieder vergessen waren. Wurde nach endlosen Verhandlungen ein Teilerfolg erzielt, folgte wieder eine lange Zeit des Wartens, des Anklopfens an verschlossene Türen und des Briefeschreibens.

Immer wieder machten die USA deutlich, daß sie an einem raschen Abschluß der Verhandlungen mit den jüdischen Organisationen interessiert seien. Doch die österreichische Regierung erfand immer neue, unglaubliche Ausflüchte. Sie erklärte zum Beispiel, 1938 seien 50% der Juden getauft gewesen. Sie könnten daher nicht von einer jüdischen Organisation vertreten werden.

Vizekanzler Schärf wies darauf hin, daß manche österreichische Juden in Wirklichkeit polnische Juden gewesen seien.[1]

Im Dezember 1953 erklärte die Bundesregierung, nach dem Anschluß hätten Verfolgungsmaßnahmen gegen einen großen Teil der österreichischen Bevölkerung eingesetzt. Sie würde daher »ihre geschworene Pflicht verletzen und sich dem Vorwurf eines Bruches der Verfassung aussetzen, wenn sie einseitige Maßnahmen zur Linderung der Not einzelner Opfer der Verfolgung treffen würde«.[2]

Goldmann antwortete auf die Vorwürfe Finanzminister Kamitz', die Juden wollten bevorzugt behandelt werden, daß die jüdischen Organisationen nur im Namen der Juden sprechen könnten, jedoch Maßnahmen, die nicht-jüdischen Opfern des Nazismus zugute kommen sollten – wie sie die deutsche Bundesregierung bereits getroffen hatte – nicht nur begrüßt, sondern sogar urgiert

---

[1] Jüdisches Echo, Nr. 3, Oktober 1952
[2] Salzburger Nachrichten, 22. 12. 1953

hätten. Leider sei ein Drittel der österreichischen Juden vernichtet worden, daher hätten die Juden den größten Anteil an der Zahl der Opfer.[1]

Umwerben der »Rückstellungsbetroffenen«

Von Kritikern der Nachkriegspolitik wird betont, daß vor den Wahlen alle Parteien die ehemaligen Nazis umworben hätten. Das vermittelt den Eindruck, als wäre diese Werbung reine Wahltaktik gewesen und als hätte es einen grundlegenden Interessenswiderspruch zwischen politischer Elite und Volk gegeben. Die österreichische Regierung, die Parteien und kirchlichen Organisationen setzten sich jedoch ständig für die augenzwinkernd *Ehemalige* genannten Nationalsozialisten ein. Anträge auf Amnestien bei den Alliierten standen auf der Tagesordnung. Raab lud die *Rückstellungsbetroffenen* – das waren die *Ariseure,* die sich nun beklagten, daß ihnen das Geraubte weggenommen werden sollte – zu Gesprächen ein und schlug ihnen vor, einen Forderungskatalog zu erstellen.

Die *Ariseure* hatten sich 1948 im *Verband der Rückstellungsbetroffenen* organisiert. In ihrer kostenlos verteilten Zeitung ›Unser Recht‹ kämpften sie gegen die Rückstellungsgesetze. Sie stellten die *Arisierungen* als einwandfreie Kaufhandlungen dar, die noch dazu den armen Juden zu Fluchtgeld verholfen hätten. Wie in der gesamten antisemitischen Presse wurden die Emigranten verleumdet. Sie hätten es viel besser gehabt, hätten sich davongemacht und wollten jetzt auch noch der Bevölkerung etwas wegnehmen.

---

[1] Ceterum Censeo; in: Jüdisches Echo, Nr. 6, Januar 1954

Robert Knight ist der Meinung, solche Argumente wären keine Randerscheinung gewesen, sondern hätten Eingang in die Argumentation der politischen Mitte gefunden. »Anscheinend gelang es diesen Kritikern der Rückstellungsgesetze weitgehend, den politischen Diskurs in ihrem Sinne zu bestimmen. Ähnlich wie bei der Entnazifizierung waren es nicht die Gegner der Rückstellungsgesetzgebung, sondern ihre Verteidiger, die in der Defensive standen.«[1] Die Befürworter einer Rückgabe jüdischen Vermögens vertraten keine klare moralisch-ethische Linie, sondern biederten sich den Gegnern an, indem sie die Rückstellung als notwendiges Übel, das von der Besatzungsmacht erzwungen wurde, darstellten. »So wurde das moralische Hochterrain von den Befürwortern der Rückstellung und Entschädigung – auch an nicht-jüdische politisch Verfolgte – weitgehend preisgegeben.«[2]

---

[1] Knight, S. 51
[2] Knight, S. 51

Bis zur Aufnahme von Verhandlungen, also acht Jahre nach Kriegsende, waren nach Einschätzung der Kultusgemeinde nicht mehr als zwei Drittel des Wertes *arisierten* Grundbesitzes und lediglich ein Viertel des Wertes *arisierter* Geschäfte zurückerstattet worden. Das Kräfteverhältnis verschob sich immer mehr zugunsten der ehemaligen Nationalsozialisten. Kaum war der Staatsvertrag unterzeichnet, begannen die Vorbereitungen zur großen NS-Amnestie, die 1957 trotz weltweiter Empörung erlassen wurde.

In der Ministerratssitzung vom 9. November 1948 – von Gedenken an den Novemberpogrom, der zehn Jahre zuvor stattgefunden hatte, war naturgemäß nicht die Rede – sagte Innenminister Oskar Helmer, er sehe überall nur jüdische Ausbreitung wie bei der Ärzteschaft, wie beim Handel, vor allem in Wien: »Auch den Nazis ist im Jahre 1945 alles weggenommen worden und wir sehen jetzt Verhältnisse, daß sogar der nat.soz. Akademiker auf dem Oberbau arbeiten muß.«[1]

»Von allem Anfang an aber diente die Behandlung der ›Nazifrage‹ als trivialisierendes und verharmlosendes Gegenstück zur Behandlung der ›Judenfrage‹.«[2]

Die »Einmischung des Auslands«

Über den Verlauf der Wiedergutmachungs-Verhandlungen wurde in der anglo-amerikanischen Presse kontinuierlich berichtet, wobei der Tenor der Berichte natürlich dem der österreichischen Presse entgegengesetzt

---

[1] Knight, S. 197
[2] Knight, S. 58

war. Die ›New York Times‹ schrieb zum Beispiel am 21. Dezember 1953, da die antijüdischen Ausschreitungen nicht nur von deutschen, sondern auch von österreichischen Nazis begangen worden wären, sei es sicher auch im Interesse der österreichischen Regierung, dieses Problem in Übereinstimmung mit dem Gewissen der westlichen Welt, zu der Österreich gehöre, zu regeln.

Auf solche Berichte reagierte die österreichische Presse mit Argumenten und Phrasen, die sich bis in einzelne Formulierungen hinein in den achtziger Jahren wiederholen. Der österreichische Antisemitismus unterliegt keiner Mode und keinem Zeitgeist. Alle Sprechblasen lassen sich auf zwei Argumente reduzieren: Vorwurf der Verleumdung des österreichischen Volkes, zu dem die Juden anscheinend nicht gehören. Und Protest gegen ausländische Einmischung in innere Angelegenheiten. In fast jeder Reaktion sind antisemitische Unter- oder Obertöne festzustellen. ÖVP-Staatssekretär Ferdinand Graf meinte damals, Österreich habe in bezug auf die jüdische Wiedergutmachung mehr getan, als viele Österreicher, die auch geschädigt worden sind, gutheißen würden. Er forderte »eine gewisse Presse« dazu auf, die Schuldigen für alles Unglück der Jahre 1938 bis heute bei jenen zu suchen, die Österreich 1938 im Stich gelassen hätten.[1]

Im ›Wiener Samstag‹ und ›Wiener Montag‹ wurden die Emigranten als *Übel* bezeichnet. Sie hätten kein Recht, über Österreich zu sprechen. Überhaupt sei es die *anonyme Macht* der Juden, die den Staatsvertrag so lange hinauszögere. Wieder einmal war ein Grund für den Antisemitismus gefunden, an dem die Juden bekanntlich

---

[1] Walch, S. 31

selbst schuld sind. 1954 kam es zu einer heftigeren anti-semitischen Kampagne, in deren Verlauf den Juden die Torpedierung der Staatsvertragsverhandlungen vorge-worfen wurde.

Im Zuge dieser Verhandlungen war Österreich schließlich zu einigen Zugeständnissen bereit. In dem Dokument selbst wurde in den Paragraphen 25 und 26 die Verpflichtung Österreichs zur Sorge um die Opfer festgelegt. Zwei Jahre nach Unterzeichnung des Staats-vertrags hatte Österreich diese Verpflichtung noch im-mer nicht erfüllt, mit großer Sorge jedoch die Wünsche der ehemaligen Nationalsozialisten berücksichtigt.

1961, mit der 12. Novellierung des Opferfürsorge-gesetzes, wurden die Verhandlungen zwischen *Claims Committee* und Österreich vorerst abgeschlossen. Doch bis heute erfüllte Österreich nicht alle Forderungen nach Rückstellung und Entschädigung. So befindet sich ein Teil des sogenannten erblosen Vermögens – Vermögen von Familien, von denen niemand überlebt hat – noch immer in österreichischem Besitz und wurde nicht, wie vorgeschlagen, jüdischen Organisationen übergeben. Ebensowenig wurden ausreichende Bestimmungen für den Ausgleich der durch die Verfolgung erlittenen Schä-den, zum Beispiel in der Frage der Versicherungszeiten, geschaffen.

Der kleinliche Handel um Anerkennung als gleichbe-rechtigte Österreicher und der Kampf gegen Diskrimi-nierungen geht weiter. Im Oktober 1987 kann man in bezug auf die ausstehenden Gesetzesänderungen in der jüdischen Presse lesen: »Nehmen wir einen Österreicher, der 1938 noch in die Schule ging oder studierte und sich dann zur SS meldete. Vergleichen wir ihn mit einem österreichischen Juden, der 1938 noch in die Schule ging oder studierte, der ins KZ kam und dort unter gräßlichen Bedingungen zu Sklavenarbeit gezwungen war oder dem es gelang, aus Österreich zu flüchten. Für den Nazi gilt die gesamte Zeit von seinem Eintritt in die SS als Pensionsersatzzeit. Für den Juden gibt es keine Ersatzzeit.«[1]

Im November 1987, zu einer Zeit, als die österreichischen Imagewerbungs-Kampagnen im westlichen Ausland auf Hochtouren liefen, wurde der Entwurf der 44. ASVG-Novelle, der eine Nachkaufmöglichkeit fehlender Pensionszeiten für jene Österreicher vorsah, die als Kinder oder Jugendliche flüchten mußten, von den Sozialpartnern (Arbeitgeber- und -nehmer-Verbände) abgelehnt. »Nichts gegen diese Leute«, betonte Arbeiterkammer-Pensionsexperte Helmut Ivansits vorsorglich, »aber bei Kindern zwischen eins und fünfzehn kann man einfach nicht sagen, daß ihnen ein Nachteil entstanden wäre.«[2] Sein Gegenstück von der Bundeswirtschaftskammer, Martin Myr, Leiter der Sozialpolitischen Abteilung, meinte: »Da frage ich mich wirklich, was die verfolgt gewesen sein sollen ... Außerdem haben diese Gruppen jetzt schon vieles geschenkt bekommen, wofür andere zahlen müssen.«[3]

So denken mit der Gnade der späten Geburt Gesegnete. Die Taktik der Gründerväter wird erfolgreich fortgeführt.

1   Karl Pfeifer, Oh du mein Österreich; in: Schomernik Nr. 8, Oktober 1987
2   Wochenpresse, Heft 39, 25. 9. 1987
3   Wochenpresse, Heft 39, 25. 9. 1987

Ausgerechnet Wien?

> Mein Leben ist mir zu kostbar,
> mich unter einen Apfelbaum zu stellen und ihn zu bitten,
> Birnen zu produzieren.
> Kurt Tucholsky

Wieso seid ihr hiergeblieben? Wieso seid ihr hierher zurückgekommen? fragen die Kinder der Überlebenden ihre Eltern. Wieso lebt ihr nach allem Entsetzlichen, was euch diese Menschen angetan haben, gerade unter ihnen?

Auch die Überlebenden selbst sind nicht frei von Schuldgefühlen, daß sie in einem Land der Täter leben und ihre Kinder und Enkel einer tendenziell antisemitischen Bevölkerung aussetzen.

Zu dem inneren Unbehagen und der Fremdheit in einer Umgebung, die keinen Versuch machte, den nationalsozialistischen Abschnitt in der Geschichte Österreichs aus der Perspektive seiner bevorzugten Opfer, der Juden, zu sehen, kam bis in die sechziger Jahre das Unverständnis, ja das Mißtrauen der jüdischen Gemeinden in anderen Ländern gegenüber Juden, die nach Auschwitz *freiwillig* in Deutschland und in Österreich lebten. Bei den Juden in aller Welt herrschte die Erwartung, daß Deutschland und Österreich – wie Spanien nach der Inquisition – mit einem Bann belegte Länder sein würden, in denen auf Jahrhunderte hinaus keine Juden leben würden. Am schärfsten betonten die zionistischen Organisationen diesen Standpunkt und ließen lange Zeit keine Vertreter der deutschen Juden an Zionistenkongressen teilnehmen. Den Zionisten schien die Vorstellung, daß Juden ein anderes Land als Palästina als ihre Heimat verstehen würden, als Verrat und die Rückkehr von Juden nach Deutschland als größtmöglicher Verrat.[1]

Die Wiener jüdische Gemeinde definierte sich als Provisorium. Sie sah ihre Aufgabe darin, den etwa 5.000 Mitgliedern, die zu einem großen Teil kranke, zerrüttete, arbeitsunfähige Menschen waren, soziale und religiöse Betreuung bis zu ihrer Weiterwanderung zukommen zu lassen. Die Instandsetzung der notwendigen Einrichtungen der Kultusgemeinde (rituelles Bad, Koscherküche, Synagoge), die vor 1938 aus den Kultussteuern der etwa 176.000 Mitglieder hatte erhalten werden können, war nun fast zur Gänze von der Unterstützung der jüdischen Hilfsorganisation *American Joint* abhängig, da sich die österreichischen Behörden weigerten, Budgetmittel zur Verfügung zu stellen. Die in Wien lebenden Juden rieten Verwandten und Freunden in anderen Ländern von einer Rückkehr ab; bei einer Abstimmung am 31. Jänner 1946 votierten über zwei Drittel der Wiener Juden für eine möglichst rasche Auswanderung aus Österreich und aus Europa. Etwa 1.000 von ihnen wollten nach Palästina gehen.[2]

Nach der Gründung des Staates Israel und der Massenauswanderung der Juden, die in den DP-Lagern auf diesen Tag gewartet hatten, stellte sich jedoch heraus, daß eine kleine und äußerst heterogene jüdische Gemeinde in Wien bestehen bleiben würde. Die Soziologin Friederike Wilder-Okladek ermittelte aus den in Yad Vashem

---

[1] Norbert Muhlen, The Survivors. A Report on the Jews in Germany Today; New York 1962, S. 13

[2] Robert Knight, »Ich bin dafür, die Sache in die Länge zu ziehen«; Frankfurt 1988, S. 143

befindlichen Unterlagen, daß Ende 1945 3.955 Juden in Wien lebten. 1.977 Menschen hatten in Wien überlebt, sei es in *Mischehen,* als *Halbjuden* oder *Funktionsjuden,* wie die Nazis diejenigen zu nennen pflegten, deren Deportation vorerst aufgeschoben war. Lediglich 200 Juden, die keiner dieser *privilegierten* Gruppen angehörten, konnten in Wien im Untergrund überleben. 1.727 österreichische Juden, die aus Konzentrationslagern befreit worden waren, hielten sich in Wien auf, und aus dem Ausland waren zu diesem Zeitpunkt 251 Juden zurückgekehrt.[1]

Bei der ersten Zählung, welche die Kultusgemeinde 1946 durchführte, kam sie auf einen Mitgliederstand von 6.428 Juden. Etwa in dieser Größenordnung blieb die Zahl der Gemeindemitglieder bis heute. Allerdings fluktuierten die Mitglieder bis Ende der fünfziger Jahre sehr stark. Manche Emigranten, die zurückgekehrt waren, verließen Österreich nach einiger Zeit wieder. Manche osteuropäischen Juden aus österreichischen DP-Lagern gingen nach Israel, konnten sich dort nicht zurechtfinden, kehrten zurück und versuchten, sich in Österreich ein Leben aufzubauen.

Polnische, rumänische und ungarische Juden, die auch als Flüchtlinge vor dem Stalinismus in Österreich geblieben waren, bilden heute die Mehrheit der Mitglieder der Kultusgemeinde. Allgemein wird die jüdische Bevölkerung Wiens auf etwa 8.000 Personen geschätzt. Sie hat sich in jüngster Zeit um etwa 5.000 russische Juden vermehrt, die in Österreich eingebürgert wurden, jedoch nur zu einem geringen Teil der Kultusgemeinde beitraten.

---

[1] Friederike Wilder-Okladek, The Return Movement of Jews to Austria after the Second World War; Den Haag 1969, S. 114

Laut Wilder-Okladek kamen von 126.500 jüdischen Emigranten aus Österreich rund 4.500 zurück,[1] davon sehr wenige aus den USA, relativ viele aus Palästina/ Israel. Der Wunsch zurückzukehren war am stärksten bei Flüchtlingen, die sich, wie etwa in Schanghai, Karaganda und Mauritius, wegen des ungewohnten Klimas und der fremden Kultur nicht integrieren konnten. Aber auch unter günstigeren Bedingungen in Aufnahmeländern wie den USA, Australien und Kanada hatten die österreichischen Flüchtlinge mit noch größeren Schwierigkeiten zu kämpfen gehabt als die deutschen. Deutsche Juden konnten bis 1935 nach Deutschland reisen, um ihr Eigentum zu liquidieren. Außerdem durften sie eine Summe von 30.000 – 50.000 DM pro Familie nach Übersee transferieren. Aus diesem Geld wurde auch ein Fonds gegründet, der unbemittelte Juden mit Fluchtgeld versorgte.

Die Abreise der österreichischen Juden war hektisch und überstürzt. Auch wenn sie ökonomisch Fuß fassen konnten, überwog für manche das Fremdheitsgefühl und die Sehnsucht nach der vertrauten Sprache und Kultur. Außerdem setzten die Emigranten während der Kriegsjahre übertriebene Hoffnungen in einen österreichischen Widerstand und einen wirklichen Neubeginn nach der Zerschlagung des Nazi-Regimes.

Umso schwerer konnten sich diejenigen, die sich tatsächlich zu einer Rückkehr nach Österreich entschlossen, in der veränderten österreichischen Gesellschaft zurechtfinden. Sie fanden auch kaum Kontakt zu den osteuropäischen Juden in Wien, wobei die alten Vorurteile gegenüber Ostjuden eine Rolle gespielt haben mögen.

---

[1] Wilder-Okladek, S. 38

Bedeutsamer waren jedoch die andersartigen Erfahrungen während der Nazizeit und die grundlegend andere Beziehung zu Wien. Der Präsident der Israelitischen Kultusgemeinde Paul Grosz meint, die Wiener Judenschaft der ersten Generation gliedere sich auch heute noch in *Landsmannschaften*. Gesellschaftlicher Kontakt wird mit Leuten gleicher Sprache und gleicher Herkunftsländer gepflegt. Die osteuropäischen Juden, die nach 1945 die Mehrheit der Wiener Gemeinde bildeten, hatten ihre traumatischen Erfahrungen nicht hier vor Ort gemacht, sondern mit ukrainischen und rumänischen Faschisten, ungarischen Pfeilkreuzlern und deutschsprechenden Nazis. Sie hatten keine Vorkriegserfahrungen mit dem österreichischen Antisemitismus und dem Verhalten der Bevölkerung nach dem Anschluß. Sie brachten im Gegenteil ein romantisch verklärtes Bild von der Kaiserstadt mit, die für sie auch nach dem Zerfall der Monarchie Anziehungspunkt geblieben war. Deutsche Sprache und Kultur hatte für die Juden Galiziens und der Bukowina schon vor der nazistischen Machtergreifung eine besondere Bedeutung. Freilich eine ganz andere, übertrieben positive. Manès Sperber erinnert sich, daß in seiner Kindheit das Bild Wiens umso heller strahlte, je weiter das jeweilige Stetl von der Kaiserstadt entfernt war. Isaac Deutscher berichtet, daß sein Vater von der kultivierten, kosmopolitischen Welt, die »westlich von Auschwitz« beginne, erzählte. Noch im Angesicht des Entsetzens hielten die Juden an ihrer großen Liebe zur deutschen Sprache fest. Schon auf der Flucht, schleppten sie noch deutsche Literatur mit, hielten sich fest an ihr. »Diese Bücher haben mir das Leben gerettet«, sagt der 1938 aus Wien geflüchtete Historiker Walter Grab, »ohne sie hätte ich den Glauben an ein anderes Deutschland verloren.«[1] Um ihn sich zu erhalten, blieb er auch nach 1945 in Tel-Aviv. Im rumänischen Arbeitslager schrieb Paul Celan deutsche Gedichte, und während in Europa schon längst nicht allein Bücher brannten, trafen sich in Palästina Arnold Zweig, Walter Grab und viele andere im »Kreis für Fortschrittliche Kunst«, um deutsche Literatur zu pflegen.

Anders als in der Bundesrepublik spüren die osteuropäischen Juden, die nach dem Krieg in Wien blieben, noch heute eine enge Verbundenheit mit dem Kulturraum des *Hauses Österreich*. Es scheint auch kein Zufall zu sein, daß für die Juden, die nach der Befreiung in Wien blieben, gerade Orte zu beliebten Treffpunkten wurden, die ihrem Bild der ehemaligen Monarchie entsprachen, wie die Meierei im Stadtpark, der Cobenzl und der Semmering. Schönbrunnergelbe Architektur bildete die Kulisse, vor der man sich mit einer zusammengeflickten Verwandtschaftsgruppe von Menschen mit ähnlicher Vorkriegserfahrung und ähnlichem Schicksal während der Nazi-Herrschaft traf. Ein Relikt der von Friedrich Torberg beschriebenen jüdischen Kaffeehauskultur war das Café Babenbergerhof, nicht allein was den Besitzer, die Bridgedame und die kartenspielenden Gäste betrifft, sondern auch die Küche, die selbstverständlich Pirogen und Rindskamm mit Cholent produzierte.

Der Aufenthalt in Wien wurde als vorläufig empfunden. Man entschied sich nicht dafür, hierzubleiben, sondern schob die Abreise hinaus. Von Zeit zu Zeit versprach man sich selbst und Freunden, bald wegzugehen. Kein Zweifel, daß man das ernst meinte und noch immer ernst meint, wenn man es heute sagt. So leben die mei-

---

[1]   Interview R. B. mit Prof. Dr. Walter Grab; Tel-Aviv 2. 5. 1982

sten Juden seit vierzig Jahren in einem provisorischen Zustand, auch wenn sich das äußere Leben durch Familie, Arbeit und Besitz hier manifestiert. Eine innere Entscheidung dafür, ein klares Ja zum Hierbleiben gab es nicht.

Dies unterscheidet sie von früheren Zuwanderern aus der Monarchie und dies unterscheidet auch die Identität ihrer Kinder von der jüdischer Einwanderer um die Jahrhundertwende und nach dem Ersten Weltkrieg. Gerade dieser Unterschied aber – die Erfahrung während der NS-Zeit und die Unmöglichkeit einer *Normalität* danach – muß soweit wie möglich von Österreich weggedrängt und umgeleitet werden auf *die Deutschen* oder *die antisemitischen Polen*. Das gelingt den osteuropäischen Juden in Wien besser als den in Wien geborenen. Es ist leichter, Fremder in einer fremden Stadt zu sein, als sich in einer vertrauten Umgebung plötzlich fremd zu fühlen. Ungarn und Rumänen haben keine Beziehung zu Österreich, abgesehen von einer romantisch-verklärten, und keine Beziehung zur Geschichte der Wiener jüdischen Gemeinde vor 1938. Sie waren daran interessiert, für sich selbst eine Existenz aufzubauen und hatten kein Bedürfnis, lautstark ihren Patriotismus und ihren Willen, am Wiederaufbau teilzunehmen, zu bekunden.

Diese Rolle überließen sie den zurückgekehrten Wiener Juden, die es als ihre Aufgabe betrachteten, die Gemeinde nach außen so zu präsentieren, als wäre sie nicht allein rechtlich ein Rest oder eine Fortsetzung der von den Nazis aufgelösten Gemeinde, sondern auch von ihrer Zusammensetzung her durch und durch österreichisch. Ein osteuropäischer Jude als Präsident dieser Gemeinde war bisher undenkbar. Die Hauptqualifikation für dieses Amt scheint gutes Deutsch zu sein (Wienerisch erlaubt). So versucht man antisemitischen Klischees zuvorzukommen. Auch wohlmeinende Nichtjuden, die Antisemitismus mit Fremdenhaß gleichsetzen, versuchen sich in Aufklärung der Bevölkerung, indem sie die Juden so präsentieren, als wären sie in ihrer Mehrheit seit Generationen hier verwurzelt.

Verbindend und identitätsstiftend war und ist für diese Gemeinde die Identifikation mit Israel. Was sie an eigener Kultur nicht zu bieten hatte oder vergessen wollte, wurde durch kritiklose Bewunderung der Errungenschaften dieser *neuen Juden* ersetzt. An die Stelle ostjüdischer und Wiener jüdischer Kultur und Geschichte traten israelische Volkstänze und Filmberichte über die Einweihung von Bewässerungsanlagen. Hinter der besonders dick aufgetragenen zionistischen Begeisterung stand gerade in Deutschland und in Österreich das Bedürfnis der Überlebenden nach einem neuen Selbstbild, das dem Bild des *Stürmerjuden* widersprechen sollte. Und nach einer »Plombe« (Dan Diner), die sich über die Erinnerung an die Schrecken der Vergangenheit legen sollte.

Nicht nur individuell gab die Gründung eines jüdischen Staates den Überlebenden neuen Lebensmut, auch für die jüdischen Kollektive war die Entwicklung dieses Staates das einzig Lebendige – fern von einem Europa der Toten. Der Amtsdirektor der Israelitischen Kultusgemeinde, Absalom Hodik, meint auch, daß die Gewißheit der Existenz eines eigenen Staates paradoxerweise das Leben der Juden in Wien erleichtert und die Führung einer lebendigen Kultusgemeinde wünschenswert gemacht habe.

Die Sorge um Israel und die Anteilnahme an seiner Politik dienten als Ersatz für direktes, konkretes Engagement. Man diskutierte israelische Politik und hielt sich aus der österreichischen heraus. Von einer Politik der Israelitischen Kultusgemeinde, die in einem demokratischen Meinungsbildungsprozeß die Interessen ihrer Mitglieder erforschen und vertreten würde, kann nicht gesprochen werden. Seit den fünfziger Jahren wurden die jüdischen Vertreter zunehmend zu Vasallen der jeweiligen politischen Partei, der sie angehörten. Sie sahen ihre Aufgabe weniger darin, jüdische Interessen beispielsweise bei den Sozialisten zu vertreten, als sozialistische bei den Juden. In öffentlichen Stellungnahmen beschränkten sie sich auf ritualisierte Ermahnungen gegen Antisemitismus und Neonazismus.

Die Gemeindevertreter versuchen Kritik an ihrem hilflosen und daher nur zu oft würdelosen Verhalten mit dem Hinweis auf den unpolitischen, auf den Kultus begrenzten Charakter der Organisation zurückzuweisen. Eine so enge Eigendefinition stimmte jedoch nie mit der realen Funktion der Kultusgemeinde überein. Sie wird nun einmal von allen Seiten als Vertretung der Wiener Juden betrachtet. Da bekanntlich zwei Juden mindestens drei Meinungen haben, ist das eine schwierige Rolle. Wie sehr sich diese Gemeinde jedoch von der Gemeinde Wien, die ihr Grundstück um Grundstück zu »Freundschaftspreisen« abnahm, übervorteilen ließ, widerlegt wieder einmal das Vorurteil von der Geschäftstüchtigkeit der Juden, die sich in Wirklichkeit für ein bißchen Ehre und einige vage Versprechungen gerne um den Finger wickeln lassen.

Als eine zweite und dritte Generation heranwuchs, setzte zu Beginn der achtziger Jahre die Beschäftigung mit der lokalen Geschichte und den osteuropäischen Traditionen ein, die sich vorerst in der großen Ausstel-

> Je weniger wir frei sind zu entscheiden,
> wer wir sind oder wie wir leben wollen,
> desto mehr versuchen wir,
> eine Fassade zu errichten,
> die Tatsachen zu verbergen
> und in Rollen zu schlüpfen.
> Hannah Arendt

JÜDISCHE Existenz in Österreich nach 1945 ist mit einer Fülle von Identitätsproblemen verbunden. Sie ist ein wackeliges Kartenhaus, das aus schmerzlichen Erfahrungen und hoffnungsvollen Phantasiebildern gezimmert ist. Während die Erfahrungen *passieren,* erfordert die Gestaltung der Phantasiebilder, die Kränkungen verdrängen oder zumindest relativieren müssen, großen Energieaufwand. Die Juden wurden Meister im Vergessen der Demütigungen, die ihnen seit der sogenannten Stunde Null im befreiten Österreich widerfuhren. Dabei geht es nicht um die antisemitischen Ausfälle einzelner Personen oder Gruppen wie jener des Hochschulprofessors Borodajkewycz, die *Judenserie* Viktor Reimanns in der ›Kronen Zeitung‹, den Drohbrief des ÖVP-Politikers Carl Hödl an den Präsidenten des *World Jewish Congress* Edgar Bronfman oder die Aussage des ÖVP-Spitzenpolitikers Michael Graff, Waldheim würde erst dann Probleme haben, wenn ihm nachgewiesen würde, daß er eigenhändig sechs Juden erwürgt hätte. Antisemiten und alte und junge Nazis gibt es in fast allen Ländern. Der springende Punkt ist das Verhalten der Mehrheit gegenüber solchen Personen.

In Österreich werden Aussprüche dieser Art nicht ernst genommen, der sie getätigt hat, wird als dumm bezeichnet und damit entschuldigt. Solange es geht, d.h. solange keine *Einmischung des Auslands* erfolgt, werden antisemitische Äußerungen von der Mehrheit ignoriert. Die Antisemiten entschuldigen sich selbst, in dem sie beteuern, keine Antisemiten zu sein. Kränkend sind weniger die Antisemiten als das Ausbleiben lautstarken Protests, der solche Leute zwingen würde, berufliche Konsequenzen aus ihrem Verhalten zu ziehen. Doch die Mehrheit der Österreicher ist entweder selbst antisemitisch oder dumpf und gefühllos. Da wird ganz selbstverständlich ein gemeinsamer Kranz für die tapferen Soldaten und die *Opfer des Faschismus* am Nationalfeiertag 1988 niedergelegt; ganz selbstverständlich wird am gleichen Tag der versöhnlerische Film ›Der Engel mit der Posaune‹ ausgestrahlt, in dem Paula Wessely eine Jüdin spielen darf, obwohl sie fünf Jahre zuvor in dem Film ›Heimkehr‹ als Volksdeutsche Blut und Boden besungen hatte und nicht bei Juden kaufte. Wen kümmern die Gefühle der Überlebenden schon, wenn mitten in der Stadt ein ›Denkmal gegen Krieg und Faschismus‹ aufgestellt wird, das einen bodenreibenden Juden darstellt, dessen Anblick wahrscheinlich den Juden allein jedesmal einen Stich versetzt, wenn sie daran vorübergehen. Wen kümmern die Gefühle ehemaliger Insassen eines Konzentrationslagers, wenn in Mauthausen deutsch sprechende Soldaten vereidigt werden?

Im allgemeinen Schweigen und der proporzmäßigen Aufteilung der Geschichtsschreibung in eine *schwarze* und eine *rote* Version hat eine Diskussion über Auschwitz keinen Raum und wird eine jüdische Perspektive nicht anerkannt.

In einer solchen Atmosphäre befindet sich jüdische Identität in einer ständigen Wellenbewegung von Desillusionierung und Aufbau neuer Illusionen und auf der manischen Suche nach *Positivem* – wobei in-Ruhe-gelassen-werden bereits als positiv gewertet wird. Die Wiener Juden setzen alles daran, die Ruhe durch Unauffälligkeit und Schweigen zu *heiklen Themen* – und jedes Thema, das mit Juden zu tun hat, kann heikel werden – zu erhalten.

Sie mythisieren ihre eigene Geschichte, klammern sich an die großen Musiker und Dichter, die das jüdische Wien hervorgebracht hat, und vergessen die Schattenseiten von Emanzipation und Assimilation. Sie phantasieren sich zurück in das geschönte Vorgestern, ohne sich klarzumachen, daß es das Vorgestern war, das zum Gestern der nationalsozialistischen Verfolgung führte.

Kaum fühlten sich die Überlebenden als angesehene Bürger, vergaßen sie, daß sie auch nach dem *Zusammenbruch* des NS-Reichs keiner hier wollte. Sie schämen sich ihrer Vitalität, die ihnen half, aus dem Nichts eine neue Existenz aufzubauen. Ihre Ideen, ihre Tüchtigkeit und ihre Klugheit scheinen ihnen weniger wertvoll als Biederkeit und Bürgersinn. Sie scheinen ihnen jüdisch, und wer will schon jüdisch sein? So kommt es zu der paradoxen Situation, daß die Wiener Juden sich nach Auschwitz zwar zu ihrem Judentum bekennen, wie eh und je jedoch alles, was sie als jüdisch an sich zu erkennen meinen, schamhaft verbergen wollen. Mit Ausnahme einiger akzeptierter Charakteristika, wozu angeblich die besondere Fähigkeit gehört, Menschen zu heilen und Witze zu erzählen.

Die 1986 einsetzende antisemitische Welle rief ebenso die Erinnerung an nazistische und antisemitische Skandale der vergangenen vierzig Jahre hervor wie an persönliche Kränkungen, zu denen die meisten Juden geschwiegen hatten. Die Frage nach jüdischer Existenz in Österreich stellt sich neu.

Das führt teilweise zu Isolation, zu »einer seltsamen inneren ›Verformung‹, fast wie Kafkas ›Käfermensch‹«, schreibt ein Mitglied der jüdischen Gemeinde.[1] Er könne mit nichtjüdischen Freunden nur noch mühsam reden, und »die seltenen tiefer lotenden Gespräche führen dann zu Alpträumen und Schlaflosigkeit«. Vor allem die antisemitischen Erlebnisse seines Enkelkindes führten bei ihm zu der Überlegung, auszuwandern, »obwohl nun schon alt und nach Wesen und Prägung immer ›sehr österreichisch‹ gewesen«.[2]

Die für das eigene Leben getroffenen Optionen mit all den Kompromissen, die man eingehen mußte, um hier leben zu können, wurden nun als Illusion erkannt. Jahrelang hatte man versucht, »einen möglichst dichten Schleier über die Erinnerung zu breiten«.[3] Man hatte so getan – und das fiel wegen der Schuldverlegung der Österreicher leichter als in Deutschland – »als wäre in diesem Land nie etwas vorgefallen«, bemerkt der Kabarettist Gerhard Bronner: »Ich trage ein halbes Jahrhundert lang Erinnerungen mit mir herum, die ich glaubte, vergessen zu müssen, um in diesem Land existieren zu können.« Er kommt zu dem Schluß: »Es hat sich nichts geändert seit 1938. Auch die Opfer würden das gerne vergessen – doch man läßt sie nicht.«[4]

---

[1] Florian Kalbeck, Auswandern?; in: Die Gemeinde, Nr. 356/357, 11. 9. 87, S. 14
[2] Kalbeck, S. 14
[3] Gerhard Bronner, Auch die Opfer würden gerne vergessen; in: Das jüdische Echo, Oktober 1987, S. 153
[4] Bronner, S. 155

Um in Wien zu leben, mußten sich die Juden auf Bedingungen einlassen, die heißen: Verdrängen der eigenen Geschichte. Die Rechnung als abgeschlossen betrachten. Bei Null anfangen. So tun, als wäre das möglich.

Die Bedenken, die Friedrich Torberg 1946 in der amerikanischen Emigration über eine Rückkehr nach Österreich äußerte, haben ihre Aktualität nicht verloren. Er beschrieb sie in einem Brief an seinen Freund Hans Weigel, der als Jude aus Wien vertrieben worden war, bei Kriegsende jedoch sofort und zu Fuß zurückeilte, um sich mit großem Erfolg sowohl als Antisemitismus-Verleugner wie als österreichisch-jüdischer Antisemit zu betätigen.

Torberg meint, zuerst einmal sei es schwer für ihn, die Rechnung mit den Österreichern für abgeschlossen zu erklären. Und angenommen, er wäre dazu bereit, so würde der Partner des für ihn ohnehin schon verlustreichen Abschlusses nicht etwa dafür danken, sondern ihn weiter beleidigen und sich auf den Standpunkt stellen, es liege an ihm, zu bestimmen, wann man quitt sei: »Oder er sagt: ›Ja, gut, wir sind quitt – aber Sie sind natürlich nicht als Jud zurückgekommen, sondern als Österreicher!‹ Kurzum: er stellt Bedingungen. *Er* stellt Bedingungen! (Jüdeln unerwünscht). Und wenn ich sie nicht erfüllen will, so wird er mir sehr deutlich zu verstehen geben, daß er mich ja schließlich nicht gerufen hat. Ich finde aber – und hoffentlich muß ich mich da gegen keinerlei wörtliches Mißverständnis sichern – ich finde aber: er *hat* mich zu rufen. Wenn er das nämlich nicht tut, so gibt er damit meinem seinerzeit erzwungenen Abgang (der doch angeblich ihm genauso aufgezwungen wurde wie mir) seine nachträgliche Billigung, und von ihm aus kann ich also ruhig bleiben, wo ich bin. Wenn ich von mir aus trotzdem zurückkommen will, so ist das eben meine Sache, und er empfindet es bereits als eine Konzession, wenn er mich nicht daran hindert. Und das ist nun ganz und gar nicht das, was ich mir unter einer abgeschlossenen Rechnung vorstelle.«[1]

Den klaren Blick konnte man sich nur erhalten, solange man auf Distanz blieb. Wer zurückkehrte, baute sich ein mehr oder weniger festes Gebäude aus Illusionen. Je enger der berufliche Kontakt zur nicht-jüdischen Umwelt, je notwendiger für die Karriere, desto größer die Illusionen und Kompromisse.

Torberg kam zurück, nahm nach kurzer Zeit eine wichtige Position im Kulturbetrieb ein und fand ironischen Gefallen an seiner Rolle als »Jud vom Dienst«, wie er sich in einem Brief an Paul Celan bezeichnete. Celan, der nach kurzer und schmerzhafter Nachkriegserfahrung in Wien nach Paris ging, kündigte 1964 seinen Austritt aus dem österreichischen PEN-Club an. Grund dafür waren die unwidersprochenen antisemitischen Äußerungen eines anderen Mitglieds, der Dichterin Paula Ludwig. Sehr österreichisch befaßte man sich nun im PEN-Vorstand nicht etwa inhaltlich mit ihren Äußerungen, sondern versuchte, Celan umzustimmen, wozu sich natürlich keiner besser eignete als ein anderer Jude. Von Jude zu Jude würde sich das doch richten lassen. Torberg sollte Celan zum Verbleib im PEN überreden. Er versuchte es, indem er Paula Ludwig als nicht ernst zu nehmende alte Hysterikerin bezeichnete und meinte, es gäbe

---

[1] Friedrich Torberg, In diesem Sinne ..., Briefe an Freunde und Zeitgenossen; München–Wien 1981, S. 412

Wichtigeres als diese Angelegenheit. Celan antwortete, er bleibe bei seinem Entschluß, denn »die Äußerungen Frau Ludwigs sind eindeutig antisemitisch, und daß in solchen Fällen ein Alibi voraus-, mit- oder nachgeliefert zu werden pflegt, wissen Sie selber besser als ich. Es gibt Dinge, denen man Rechnung tragen muß, nicht nur als Jude«.[1]

Trotz mancher Skepsis vor seiner Rückkehr bleibt Torberg nichts anderes übrig, als auf die Bedingungen einzusteigen, die »er« stellt und den alltäglichen Antisemitismus herunterzuspielen. »Es gibt Wichtigeres.« Das gelingt zum Teil durch die Kultivierung eines gewissen Überlegenheitsgefühls, das die Österreicher als dümmliche Mitläufer abqualifiziert, als *Herrn Karl* schlechthin, oder eben als alte Hysterikerinnen. Man redet sich ein, daß sie eigentlich zu dumm sind, um wirklich böse zu sein. Die allgemeine Unterscheidung in böse Deutsche und gemütliche Österreicher machten sich die Juden selbst zu eigen, um ihre Existenz hierzulande zu legitimieren.[2] Die Fähigkeit, diese zu ertragen, geben ihnen ihre Phantasiebilder von Österreich.

Für Torberg ist es das rückprojizierte Wunschbild einer jüdisch-österreichischen Symbiose, die Verklärung und Generalisierung eines Zustandes, der nur ein Menschenalter dauerte (von 1867–1938, jener Zeitraum, in dem Juden vor dem Gesetz gleichberechtigte Bürger waren). Rückblickend werden beide Teile dieser »Symbiose« zu gleichberechtigten Partnern idealisiert, die in beispielhafter Zusammenarbeit Psychoanalyse und Mo-

---

[1] Torberg, S. 81
[2] S. z. B. Hans Thalberg, Von der Kunst, Österreicher zu sein; Wien–Köln–Graz 1984

derne Musik in die Welt setzten. Vergessen wird dabei, daß die Juden trotz der kleinlichen Haltung der Wiener Umgebung – und gegen sie – ihre Werke vollbrachten. »Wien hat kein Recht auf einen Anteil an Freuds Ruhm«, schreibt Marthe Robert, »denn während der 78 Jahre, die er dort verbracht hat, hat es nur Unannehmlichkeiten und verächtliche Abweisung für ihn übrig, und als es ihn nicht mehr lächerlich machen konnte, zeigte es ihm eine verächtliche Gleichgültigkeit.«[1] Vergessen wird, daß es ein *einseitiger Dialog* war, den die Juden führten. Sie versuchten sich auf jede nur erdenkliche Weise verständlich zu machen. Aber wer antwortete ihnen außer den Antisemiten? Was Gershom Scholem über die deutsch-jüdische Symbiose sagte, gilt auch für Österreich. Er bezeichnete sie als Mythos, denn »zu einem Gespräch gehören zwei, die aufeinander hören, die bereit sind, den anderen in dem, was er ist und darstellt, wahrzunehmen und ihm zu erwidern«.[2]

Die Sehnsucht nach einer Symbiose hat große Werke hervorgebracht um den Preis der Abspaltung der realen Erlebnisse von einem Wunschbild, das intakt bleiben sollte. Widersprüchliche Gefühle müssen nebeneinander existieren, weil ihre Zusammenfügung das Kartenhaus einstürzen lassen würde. Die kränkenden Erlebnisse müssen immer wieder weggeschoben werden, Indizien, die das Wunschbild stärken, müssen dann groß herausgestellt werden. Zum Beispiel sieht der derzeitige Präsident der Isaraelitischen Kultusgemeinde in einigen anteilnehmenden Briefen, die er während der antisemi-

---

[1] Marthe Robert, Die Revolution der Psychoanalyse; Frankfurt 1986, S. 31
[2] Gershom Scholem, Vom Mythos deutsch-jüdischer Symbiose; in: Judaica, Bd. 2, S. 7

tischen Schlammschlacht seit 1986 erhielt, Zeichen einer Veränderung.[1] Simon Wiesenthal spricht seit Jahrzehnten von seinem Glauben an die Jugend. Man fragt sich, was mit der Jugend geschah, in die er vor zwanzig oder vor zehn Jahren große Hoffnungen gesetzt hat. Wie jung muß man sein, um kein Antisemit zu sein?

Die kränkenden Erlebnisse abspalten heißt, sie als Privatsache betrachten, sie nicht zum Thema machen. Indem man jiddische Musik spielt und jüdische Witze erzählt, läßt sich der Konsens des Schweigens aufrecht erhalten, und man kann sich in der Illusion wiegen, die Leute hätten nichts gegen Juden. Den meisten Juden ist es unbegreiflich, daß sich auch glühende Antisemiten bei Karl Farkas im Kabarett Simpl amüsierten. Sie halten das bereits für einen Dialog und merken nicht, daß sie auf die Bedingungen eingehen, die lauten: schweigen über die traumatischen Erlebnisse in der Nazizeit, verdrängen der demütigenden Erfahrungen der Nachkriegszeit, herunterspielen, nicht-ernstnehmen des alltäglichen Antisemitismus der Gegenwart.

---

[1] Interview R. B. mit Paul Grosz; Wien 12. 8. 1987

> Man könnte davon überrascht sein,
> daß die offenbare Nutzlosigkeit
> all unserer seltsamen Verkleidungen
> uns bislang noch nicht
> hat entmutigen können.
> Hannah Arendt

IMMER wieder kommen in Gesprächen mit Juden, die nach dem Krieg in Wien geboren wurden, Sätze vor wie: »Meine Kindheit liegt in einem Niemandsland.« »Wir lebten hier und doch nicht hier.« »Zu Hause, das war exterritoriales Gebiet.« »Ich erinnere mich nicht daran, daß jemals zu Hause von österreichischer Politik gesprochen wurde, außer wenn sie sich direkt auf Juden bezog. Aber, wenn es in den Nachrichtensendungen um Israel oder Amerika ging, mußte man ganz still sein. Israel wurde als eigentliche Heimat empfunden, Amerika als die große Schutzmacht der Juden.«

Diese Erinnerungen treffen sicher nicht die Wahrheit, sie beschreiben jedoch eine Wahrnehmung. Wir lebten in Wien, doch kam man fast ausschließlich mit Juden zusammen. Mit ihnen feierte man Geburtstage und jüdische Feste, verbrachte man Sonntage und Ferien. Es war so, als würde uns, den Kindern der Überlebenden, mitten im Österreich der fünfziger Jahre ein vergangenes und fernes Österreich vermittelt, das vor allem in der Literatur der *Welt von gestern* vorkam. In der Gegenwart war es ein Ort, auf den man sich nicht einließ.

Erst in der Schule bemerkten wir den Bruch zwischen der Innenwelt der Familie und des Freundeskreises und der *Außenwelt*. Doch der Bruch war immer da. Ich glaube, daß ein jüdisches Kind der Nachkriegszeit vom ersten Atemzug an mit seinem Jude-Sein konfrontiert wurde. Wenn ich auf den Photos meiner Geburtsklinik die strengen Frisuren und Gesichter der Kinderschwestern sehe, dann denke ich, daß ein jüdisches Kind bei diesen Frauen, die einige Jahre zuvor vielleicht beim BDM gewesen sind, jedenfalls zu einer Zeit Kinderschwestern und Hebammen waren, als allein *arische* Kinder das Recht zu leben hatten, besondere Gefühle auslösen mußte. Wenn ich mir vorstelle, was sich die Schwestern von den vielen Besuchern dachten, die mich jederzeit sehen wollten, und von dem kleinen Korallenkettchen, das man mir sofort nach der Geburt um den Arm legte, um den bösen Blick zu bannen, so glaube ich, daß einem jüdischen Kind nach 1945 zumindest Befremden entgegenschlug.

Später, in der Schule, galt das ungeschriebene Gesetz, daß wir nichts, was zu Hause thematisiert wurde, hinaustrugen. Auch unsere Sprache veränderten wir. Niemandem wäre es eingefallen, jiddische Ausdrücke im Gespräch mit den Mitschülern zu gebrauchen, auch wenn diese sogar Eingang in die Wiener Umgangssprache gefunden haben wie *Ezes* oder *Mezie*. Schon das Wort *Jude* war tabu. Wir waren Schüler mosaischen Glaubens, die jeden Morgen in der Volksschule stumm dem Gebet der Klasse lauschten und auf das Kreuz starrten, auf dem unser angebliches Opfer schmachtete. Aber auch wenn wir den Versuch machten, uns mit den spannenden Geschichten von Leben und Tod, die wir zu Hause belauscht hatten, interessant zu machen, war das kein Erfolgserlebnis. Keiner wollte sie hören. Kaum ein Wiener jüdisches Kind könnte eine Geschichte erzählen wie

Alain Finkielkraut, der durch seine Exotik Mitleid erregte und Liebe gewann.[1]

Trotzdem war diese *Außenwelt* spannend und anziehend. Man wollte unbedingt dazugehören und gab die Schuld an den Schwierigkeiten, die man damit hatte, den Eltern.

Die Rebellion gegen das Ghetto-Dasein der Eltern, wie wir ihre Zurückgezogenheit damals nannten, begann. Ihre Lebensweise war uns peinlich. Sie erschien uns einerseits als geduckte Anpassung an die österreichischen Verhältnisse, andererseits – kaum trafen sie sich in der Synagoge, bei Hochzeiten oder Wohltätigkeitsveranstaltungen – als Komödie der Eitelkeiten.

Ihren künstlerischen Ausdruck fand die Kritik in dem jüdischen Kabarett ›Um Ghettos willen‹[2], mit dem wir Mitte der siebziger Jahre den versammelten Eltern unseren Protest gegen Geschäft und Gemeinde, besonders aber gegen die Wunschvorstellungen, die sie für unser Leben hatten, vortrugen. Einen jüdischen Partner sollten wir finden, damit Tradition und Religion erhalten blieben und eine gewisse häusliche Harmonie nicht gestört würde. Möglichst jung sollten wir heiraten, damit wir nicht in sämtliche Versuchungen kämen. Gleichzeitig sollten wir uns in der *Außenwelt* bewähren und durch nichts *Jüdisches* behindern lassen. Brave und angesehene Bürger sollten wir werden, am besten Ärzte und Anwälte.

Viele drückten ihre Rebellion durch einen pionierhaften Zionismus aus, der im Gegensatz zu der als lau emp-

---

[1] Alain Finkielkraut, Der eingebildete Jude; München 1982

[2] Gespielt von der ›Wiener Jüdischen Kabarett Company‹: Albert Misak, Anne Korn, Hermann Teifer (lebt jetzt in New York), Liane Segall, Peter Stastny (New York), Rafaela Schmidt (Tel-Aviv), Robert Schwarcz (Baltimore)

fundenen Bewunderung und finanziellen Unterstützung der Eltern für Israel stand.

Viele verließen Wien nach dem Schulabschluß, um in Israel oder in Amerika zu studieren.

Für viele brachte die Rebellion gegen das *Ghetto* die Öffnung zur nicht-jüdischen Umwelt, das Interesse für das Land, in dem sie lebten, politisches Engagement.

Die Auseinandersetzung mit der Vernichtung der Juden geschah damals in sehr abstrakter und verschämter Weise. Jeder wußte irgend etwas, jeder hatte etwas Komisches an seinen Verwandten bemerkt, doch keiner kannte eine zusammenhängende Familiengeschichte. Alles, was mit der Zeit der Verfolgung zu tun hatte, war mit großer Angst und Scham verbunden. Es war eine Wunde, die man nicht berühren wollte, die man verdeckte und versteckte.

Wir verschlangen einerseits die einschlägigen Werke über Nationalsozialismus und Judenverfolgung, trauten uns aber nicht, die Eltern nach ihren Erlebnissen und dem Schicksal von Verwandten zu fragen. Wir fürchteten uns vor der Antwort und mehr noch vor der Reaktion der Eltern auf plötzlich auftauchende Erinnerungen. Wir spürten, daß wir an etwas rühren würden, dem wir nicht gewachsen waren. Wir würden nicht imstande sein, sie zu trösten.

Jeder von uns kannte auch verschiedene unverständliche Reaktionen bei seinen Verwandten, die wir mit dieser Zeit in Verbindung brachten und die uns erschreckten, über die wir damals aber mit niemandem sprachen. Ich erinnere mich an einen Großonkel, der oft ganz plötzlich zu weinen begann. Völlig grundlos, wie mir schien. Einmal wollte er mit uns an einem wunderschönen Sommertag nach dem Mittagessen einen Spaziergang machen. Wir traten aus dem Haustor und die Tränen liefen ihm über die Wangen. Viel später habe ich erfahren, daß und wie er Auschwitz überlebt hatte. Und viel später erst habe ich verstanden, daß die Erinnerung an das Grauen schon inmitten von Normalität kaum erträglich ist, inmitten von Schönheit und Glück aber unerträglich wird.

Peter Sichrovsky beschreibt, wie er mit Arje, dessen Geschichte er in seinem Buch über junge Juden in Deutschland und Österreich erzählt, in Wien die Herbstsonne genießt. Die beiden sitzen mit geschlossenen Augen auf einer Parkbank. In dieser Idylle sagt Arje: »Es ist ein Wahnsinn, was die unserem Volk angetan haben. Egal, wo wir sind, was wir auch tun und was wir denken. Es überfällt uns, drängt sich auf, unterbricht unsere Gedanken und Gefühle.«[1]

Erst in den achtziger Jahren begannen wir, über solche Gefühle zu sprechen. Davor hatte sich jeder auf seine Weise in der Außenwelt eingerichtet. Manche hatten sich voller Elan und Begeisterung in die österreichische Gesellschaft integriert. Die Zeit um 1968 war günstig für vielerlei Illusionen gewesen. Die Allianz mit der neuen Linken schien tragfähig, war sie doch auf gemeinsamem Antifaschismus gegründet. In einem Akt, dessen Gewalt und Strenge uns imponierte, brachen unsere neuen Freunde mit ihren Nazi-Eltern, und wir waren voller Naivität bereit, uns akzeptiert und zuhause zu fühlen. Dabei merkten wir nicht, daß wir schon lange und schon wieder einen Teil von uns abspalteten. Wir verschwiegen nicht, daß wir Juden sind, wir sprachen nur nie davon. Sicher,

---

[1] Peter Sichrovsky, Wir wissen nicht, was morgen wird, wir wissen wohl, was gestern war; Köln 1985, S. 182

wir verteidigten uns gegen offene antisemitische Angriffe, doch die lauten Zwischentöne, die jiddischen Witze, die *Ausrutscher* und das Schweigen der Freunde, wenn am Nebentisch jemand sagte, »da stinkt's nach Knoblauch wie in einer Judenwohnung«, nahmen wir hin. Wir redeten uns ein, daß es Wichtigeres gäbe. Das gemeinsame Engagement für die Befreiung der Arbeiterklasse und alle Unterdrückten der Welt sei bedeutsamer als die alten Geschichten. Unser Kurz-Schluß war zu meinen, wenn Menschen solch erhabene Ziele haben, können sie einfach keine Antisemiten sein.

Wir dachten auch nicht darüber nach, warum wir uns plötzlich, wenn schon für Jüdisches, dann für den *Jüdischen Arbeiter-Bund* interessierten. War das nur eine Antwort auf die zionistische Geschichtsschreibung, die andere Strömungen im Judentum vernachlässigte. War es ehrliches Interesse an der Geschichte der Juden. Oder wollten wir in der allgemeinen Begeisterung für revolutionäre Bewegungen auch unsere jüdische Arbeiterbewegung beisteuern, um uns auf diesem Umweg selbst glaubhafter zu proletarisieren. Seht her, die Juden sind nicht alle Intellektuelle und Kapitalisten; wir haben auch Leute wie Hersch Mendel[1] in der Familie. Und wer schämte sich nicht, wenn ihm mit den linken Freunden einige neureiche Juden begegneten, die in Nerzmäntel gehüllt aus ihrem Mercedes (ausgerechnet) stiegen. Nicht allein, weil diese augenscheinlich Kapitalisten waren, sondern weil die anderen vielleicht erkennen würden, daß sie Juden sind und dabei den Hersch Mendel

---

[1] Hersch Mendel, Erinnerungen eines jüdischen Revolutionärs; Berlin 1979

vergessen könnten. Ständig waren wir damit beschäftigt, die ausgesprochenen und unausgesprochenen Vorurteile der anderen zu entkräften. So wurden wir schnell zu Meistern im Erkennen des Blicks des anderen und in der Kunst der Verwandlung und blieben doch genauso erfolglos wie Schnitzlers Oscar Ehrenberg.[1]

Denn der Auftritt des erkennbaren Juden verrät uns, macht mit einem Schlag all unser Bemühen zunichte. Kein Orden und kein Lodenmantel können den Blick des Anderen auf den jüdischen Verwandten ablenken. Er blickt auf ihn und dann auf uns. Und uns bleibt nichts anderes übrig, als mit einem Seitenblick seinem Blick zu folgen, um seine Gedanken abzulesen.

Die Hauptfigur in dem Roman ›Der Weg ins Freie‹ von Georg von Wergenthin erinnert sich an die Sommeraufenthalte mit der Familie Ehrenberg an der Riviera; an die elegante Mutter, die Tochter Else und den Sohn Oscar. Er denkt mit einem Lächeln daran, wie der fünfzehnjährige Oscar eines Tages »im lichtgrauen Schlußrock und mit weißen, schwarz tamburierten Handschuhen und einem Monokel im Aug, auf der Promenade erschienen war.«[2] Und auch daran, »wie eines Tages Ehrenberg, der millionenreiche Patronenfabrikant, die Seinen überraschte und einfach durch sein Erscheinen der ganzen Ehrenbergschen Vornehmheit ein rasches Ende bereitet hatte ...« Sooft er den Mund auftat, »lag es unter dem Schein der Ruhe wie eine geheime Angst auf dem Antlitz der Gattin ... Oscar benahm sich, wenn es irgend möglich war, als gehörte er nicht dazu. In seinen Zügen spielte

---

[1] Arthur Schnitzler, Der Weg ins Freie; Frankfurt 1961
[2] Schnitzler, S. 16

eine etwas unsichere Verachtung für den seiner nicht ganz würdigen Erzeuger, und Verständnis suchend lächelte er zu den jungen Baronen hinüber.«[1]

Wer kennt ihn nicht, diesen Seitenblick auf die Schulfreunde, wenn Vater und Mutter auftauchen? Das Erstaunen, daß ein Lehrer voller Respekt mit dem selbst als nicht ganz würdig empfundenen Vater spricht? Wer ertappt sich nicht dabei, die Gesichter der Entgegenkommenden zu mustern, wenn ein orthodoxer Jude auf der Straße geht, ihren Blick auf ihn einzuschätzen? Nicht nur die direkte Spiegelung brauchen wir, die befriedigende Lösung der Frage, wie sieht *mich* der andere. *Ich* kann mich verkleiden wie ein Aristokrat, wie ein Bürger, wie ein Landwirt oder wie ein Proletarier. Doch kaum taucht ein »Unverwandelter« oder anders »Verwandelter« auf, ist alles hin.

Die Verwandlung beschränkt sich natürlich nicht auf Kleidung, Sprache und Umgangsformen. Sind die einmal geschafft, so ist da doch der Name, dieser jüdisch klingende Name. Manche Namen freilich sind nicht erkennbar. Der Schriftsteller Hans Weigel freut sich darüber, daß er einen österreichisch klingenden Namen hat. Der Nachname läßt sich nicht so leicht verändern, den Vornamen kann man jedoch ändern oder verstecken. So sehr es Salomon Ehrenberg Vergnügen bereitet, die feudalen Bestrebungen seiner Familie mit seiner Anwesenheit und seinen Witzen zu stören, macht er ihr doch die Konzession, seinen Namen abzukürzen. Jeder kennt ihn unter S. Ehrenberg. Ist der Name bereinigt, bleibt noch die Nase. Einige Überlebende der

---

[1] Schnitzler, S. 17

Massenvernichtung beeilten sich, ihre Kinder von der *jüdischen* Nase zu befreien.

Wir machten sogar Unterschiede im Wert der Toten, indem wir dauernd betonten, wieviele Arbeiter und Handwerker umgekommen sind, als zähle ihr Leben mehr als das eines Reichen. Wir hatten Gründe für dieses schäbige Verhalten. Zum einen mußten wir gegen das tiefsitzende Vorurteil ankämpfen, alle Juden seien reich, zum anderen wollten wir Mitleid und Sympathie. Und die bekamen wir nur, wenn wir uns der antifaschistischen Ideologie anpaßten, die von *Opfern des Faschismus* sprach, und insgeheim hofften, die anderen würden auch ein wenig an die Juden denken, wenn sie gegen Faschismus schrien. Wir nahmen es hin, daß von der Vernichtung der Juden immer nur in Zusammenhang mit der Verfolgung anderer Gruppen die Rede war. Mehr noch, wir waren die ersten, die eher von Zigeunern und Homosexuellen sprachen als von Juden.

Wir merkten nicht, daß es den linken Genossen genauso schwer fiel, das Wort *Jude* auszusprechen, wie einst den Schulkollegen. Erst als es ihnen plötzlich ganz leicht fiel, über Juden zu sprechen, erst als sie begannen, das Schicksal der Juden als Metapher für sämtliche Verfolgungen zu benutzen, wurden wir hellhörig. Die Schwarzen in Südafrika, die Bäume, die Frauen wurden *Juden*, besonders aber die Palästinenser. Sie wurden die *Juden der Juden*. Sehr deutlich trat der Antisemitismus im neuen Gewand des Antizionismus auf. Sehr deutlich diente die Solidarität mit den Palästinensern vor allem der Entlastung. Wieder begann ein verschlüsseltes Aufrechnungsspiel nach der perversen Logik, wenn einer Böses tut, kann das Böse, das ihm angetan wurde, nicht so unberechtigt gewesen sein. In dieser auf politische Kategorien reduzierten Zeit fielen die Juden in die Kategorie *Opfer* und wehe ihnen, wenn sie sich dieser Einteilung nicht fügten.

Durch die Risse in unserem Weltbild sahen wir den ganz banalen Antisemitismus wieder, den wir von klein auf kannten. Selbst geblendet von Ideologien, hatten wir ihn einfach in die Kategorie *rechts* gesteckt und waren erstaunt, daß er auch von *unserer* Seite kam. Erst als die Reste der Linken während des Libanonkrieges »Nazis raus aus dem Libanon« skandierend durch die Straßen zogen, erst als von der *Endlösung* an den Palästinensern gesprochen wurde, sahen wir, daß wir wieder mal draußen waren.

Der Zerfall der Linken und unser spezielles Zerwürfnis mit ihr brachte uns endlich in die Nähe von uns selbst. Zum ersten Mal begannen wir, die Verstrickung unserer Beziehung zu den Eltern mit dem jüdischen Schicksal zu erforschen. Nicht als Rebellion, sondern als Versuch, das Ausmaß des Bruches zu begreifen, der vor unserer Geburt entstanden war und unser Leben prägte. Dabei war die politische Enttäuschung nur ein auslösendes Moment. Eine mindestens so wichtige Rolle spielte das eigene Lebensalter und das der Generation der Überlebenden. Und der zeitliche Abstand zu den Ereignissen selbst, die nach vierzig Jahren als Erinnerung wieder auftauchten.

Das Leben im Land der Mörder und in der Nähe der Toten scheint auch für die nächste Generation gerade in einer antisemitischen Umwelt einen paradoxen psychischen Vorteil zu bieten. Es wirkt wie eine Garantie des Nicht-Vergessens, ohne daß die Grausamkeiten als internalisierte und damit akzeptierte Erinnerung lebendig bleiben müßten.[1] Es war ein fiktiver Neubeginn, den die Juden vollzogen. Gerade der *normale* Antisemitismus erinnert ständig an das Grauen, ohne daß man sich wirklich erinnern muß. Das Hierbleiben scheint für die Mehrheit der Juden die Möglichkeit zu bieten, die ihnen wahrscheinlich unmögliche psychische Leistung zu erbringen, das Erlebte als gegeben anzuerkennen und die Trennung von den Toten zu vollziehen. In gewisser Weise schützt der Antisemitismus vor der Konfrontation mit der Überlebensschuld und vor der unerträglichen Frage nach einem Sinn des Lebens nach dem Überleben. Wie unerträglich es sein kann, sich diese Frage zu stellen, zeigt, daß Überlebende, die sich ihr nicht entziehen konnten und wollten, keine lebenswerte Antwort fanden und einige von ihnen – Paul Celan, Jean Améry, Primo Levi – ihrem Leben viele Jahre später ein Ende bereiteten.

Die Erinnerung an Ausmaß und Tragweite des Verlustes stellt auch für die Kinder der Überlebenden die Sinnhaftigkeit der eigenen Existenz in Frage. Denn das Überleben der Eltern war letztendlich ein Zufall. Das Todesurteil war über alle Juden gefällt, unterschiedslos, klassenlos, gesichtslos. Und nicht allein im Machtbereich der Nazis; die Nazis hatten nichts anderes im Sinn, als ihren Machtbereich unendlich zu vergrößern. Daß die Juden in den unbesetzten Teilen der Sowjetunion, in England und in Palästina nicht verfolgt wurden, lag allein am Verlauf und Ausgang des Krieges.

---

[1] Cilly Kugelmann, Zur Identität osteuropäischer Juden in der Bundesrepublik; in: Brumlik u. a. (Hg.), Jüdisches Leben in Deutschland seit 1945; Frankfurt 1986, S. 180

Daß das Todesurteil der Täter allen Juden galt und der Wille bestand, es an allen zu vollstrecken, ist eine Tatsache, die wir jedoch nicht begreifen und erfühlen können.

Darüber hinaus hat das Ereignis Auschwitz Implikationen für die menschliche Existenz, die sich nicht auf die historischen Täter und Opfer beschränken. Der technische Fortschritt und die Abstraktheit der sozialen Organisation ermöglichten eben in jenem Land, in dem Karl Marx aus diesen Gründen die Revolution des Proletariats erwartet hatte, ein Vernichtungssystem, das »das Antlitz der Opfer bannte«[1] und den Genozid zu einer Arbeit wie jede andere auch machte.

Nur von den zynischsten Menschen können die Todesfabriken in ihr Fortschritts-Weltbild integriert werden. Doch die medizinischen Experimente, die psychologischen Erkenntnisse, die verwaltungstechnischen Modelle, die in Auschwitz erfunden und erprobt worden waren, gingen teilweise, abgespalten von Ort und Umständen, in diverse Zweige der Wissenschaft, der Wirtschaft, des Denkens der gesamten westlichen Welt ein.

Das Bewußtsein der Menschen wehrt sich dagegen anzuerkennen, daß Auschwitz der Beweis war, »daß sich der wissenschaftliche Fortschritt und die rationale Gestaltung der Gesellschaft, von denen der Mensch geglaubt hatte, sie seien der bislang beste Abwehrmechanismus gegen die Angst vor dem Tod und würden seinem Leben einen neuen Sinn geben, als Werkzeuge erwiesen,

---

[1] Alain Finkielkraut, Die Weisheit der Liebe; München–Wien 1987, S. 183

die dann der rücksichtslosesten Zerstörung von Leben dienten«.[1]

Als jemand zu Hannah Arendt sagte, nach Auschwitz schäme er sich, ein Deutscher zu sein, antwortete sie, sie schäme sich, ein Mensch zu sein.

---

[1] Bruno Bettelheim, Die äußerste Grenze; in: Erziehung zum Überleben; Stuttgart 1980, S. 16

LITERATUR

ADLER, Hans G., Der verwaltete Mensch; Tübingen 1974

ALBRICH, Thomas, Exodus durch Österreich. Die jüdischen Flüchtlinge 1945–48; Innsbruck 1987

AMERONGEN, Martin von, Kreisky und seine unbewältigte Vergangenheit; Graz 1977

AMERY, Jean, Jenseits von Schuld und Sühne. Bewältigungsversuche eines Überwältigten; Stuttgart 1977

—, Weiterleben – aber wie?; Stuttgart 1982

—, Widersprüche; Stuttgart 1971

ANDERS, Günther, Die Schrift an der Wand. Tagebücher 1941–1966; München 1967

—, Besuch im Hades; München 1979

ANDICS, Hellmut, Der Untergang der Donaumonarchie, Bd. 1–4; Wien 1968

ARENDT, Hannah, Besuch in Deutschland 1950. Die Nachwirkungen des Naziregimes; in: Knott (Hg.), Zur Zeit. Politische Essays; Berlin 1986

—, Die verborgene Tradition; Frankfurt 1976

—, Elemente und Ursprünge totaler Herrschaft; München 1986

—, The Jew as Pariah. Jewish Identity and Politics in the Modern Age; New York 1978

ARENDT, Hannah/JASPERS, Karl, Briefwechsel 1926–1969; München 1985

ARENDT, Siegfried Th./ESCHWEGE, Helmut/HONIGMANN, Peter/MERTHENS, Lothar (Hg.), Juden in der DDR. Geschichte – Probleme – Perspektiven; Duisburg 1988

BABYLON, Beiträge zur jüdischen Gegenwart, Heft 1 u. 2; Frankfurt 1986, 1987

BAHR, Hermann, Der Antisemitismus. Ein internationales Interview; Königstein 1979

BARTOLI, Simona, Primo Levi – Jean Améry. Im Schatten von Auschwitz; in: Wiener Tagebuch, 9/1987

BATAILLE, Georges, Die psychologische Struktur des Faschismus; München 1978

BECKERMANN, Ruth, Die Mazzesinsel. Juden in der Wiener Leopoldstadt von 1918–1938; Wien 1984

BERMANN, Tamara, Produktivitätsmythen und Antisemitismus. Eine soziologische Studie; Wien 1983

BETTAUER, Hugo, Die Stadt ohne Juden. Ein Roman von Übermorgen; Salzburg 1980

BETTELHEIM, Bruno, Erziehung zum Überleben. Zur Psychologie der Extremsituation; Stuttgart 1980

—, Ewige Ambivalenz der assimilierten Juden, Interview; in: Neue Illustrierte Welt Nr. 11/12; Wien 1987

BERICHT der Kommission für Nachkriegsprobleme des Schweizerischen Israelitischen Gemeindebundes (Hg.), Jüdische Nachkriegsprobleme; Zürich – New York 1945

BODEMANN, Y. Michal, Staat und Ethnizität. Der Aufbau der jüdischen Gemeinden im Kalten Krieg; in: Brumlik u. a. (Hg.), Jüdisches Leben in Deutschland seit 1945; Frankfurt 1986, S. 49 ff

BOTZ, Gerhard, Wien vom „Anschluß" zum Krieg. Nationalsozialistische Machtübernahme und politisch-soziale Umgestaltung am Beispiel der Stadt Wien 1938/39; Wien 1978

—, Eine deutsche Geschichte 1938 bis 1945? Österreichs Geschichte zwischen Exil, Widerstand und Verstrickung; in: Zeitgeschichte, Heft 1; Wien 1986

—, Stufen der Ausgliederung der Juden aus der Gesellschaft. Die österreichischen Juden vom „Anschluß" zum „Holocaust"; in: Zeitgeschichte, Heft 9/10; Wien 1987

—, Krisenzonen einer Demokratie. Gewalt, Streit und Konfliktunterdrückung in Österreich seit 1918; Frankfurt 1987

BRAUNTHAL, Julius, The Tragedy of Austria; London 1948

BRODER, Henryk M., Der ewige Antisemit. Über Sinn und Funktion eines beständigen Gefühls; Frankfurt 1986

BRODER, Henryk M./LANG, Michel R., Fremd im eigenen Land. Juden in der Bundesrepublik; Frankfurt 1979

BRONNER, Gerhard, Auch die Opfer würden gerne vergessen; in: Das jüdische Echo; Wien 1987

BRUMLIK, Micha/KIESEL, Doron/KUGELMANN, Cilly/SCHOEPS, Julius H. (Hg.), Jüdisches Leben in Deutschland seit 1945; Frankfurt 1986

BUNZL, John, Der lange Arm der Erinnerung. Jüdisches Bewußtsein heute; Wien 1987

—, Anschluß, Verstrickung, Ausflüchte. Thesen über Österreich, Vortrag; Wien 1987

—, Die erste und die zweite Lebenslüge; in: Die Gemeinde, 8. Juli 1987

BUNZL, John/ MARIN, Bernd, Antisemitismus in Österreich. Sozialhistorische und soziologische Studien; Innsbruck 1983

CARSTEN, F. L., Faschismus in Österreich. Von Schönerer bis Hitler; München 1966

CLAUSSEN, Detlev, Vom Judenhaß zum Antisemitismus. Materialien einer verleugneten Geschichte; Darmstadt 1987

DEISER, J., Vom Ghetto zur Freiheit. Die Zukunft der Juden im befreiten Österreich; London 1945

DEUTSCHER, Isaac, Die ungelöste Judenfrage. Zur Dialektik von Antisemitismus und Zionismus; Berlin 1977

DINER, Dan, Keine Zukunft auf den Gräbern der Palästinenser. Eine historisch-politische Bilanz der Palästinafrage; Hamburg 1982

—, Negative Symbiose – Deutsche und Juden nach Auschwitz; in: Babylon, Heft 1; Frankfurt 1986

—, (Hg.), Ist der Nationalsozialismus Geschichte? Zu Historisierung und Historikerstreit; Frankfurt 1987

DOKUMENTATIONSARCHIV DES ÖSTERREICHISCHEN WIDERSTANDS (Hg.), Erzählte Geschichte. Berichte von Widerstandskämpfern und Verfolgten, Bd. 1; Wien

DRABEK, A./HÄUSLER, W./SCHUBERT, K./STUHLPFARRER, K./VIELMETTI, N. (Hg.), Das österreichische Judentum. Voraussetzungen von Geschichte; Wien 1974

EPSTEIN, Helen, Children of the Holocaust; New York 1979

FIGL, Leopold, Österreich geht an die Arbeit. Regierungserklärung des Bundeskanzlers; 21. Dezember 1945

FINKIELKRAUT, Alain, Der eingebildete Jude; München–Wien 1982

–, Die Weisheit der Liebe; München–Wien 1987

FISCHER, Ernst, Das Ende einer Illusion. Erinnerungen 1945–1955; Wien–München–Zürich 1973

FLECK, Christian, Rückkehr unerwünscht. Der Weg der österreichischen Sozialforschung ins Exil; in: Stadler (Hg.), Vertriebene Vernunft 1; Wien 1987

FRAENKEL, J. (Hg.), The Jews of Austria. Essays on their Life, History and Destruction; London 1967

FRIED, Erich, Nicht Verdrängen. Nicht Gewöhnen. Texte zum Thema Österreich; Wien 1987

FRIEDLÄNDER, Saul, Wenn die Erinnerung kommt . . .; Stuttgart 1979

–, Kitsch und Tod. Der Widerschein des Nazismus; München 1984

GALANDA, Brigitte, Die Maßnahmen der Republik Österreich für die Widerstandskämpfer und die Opfer des Faschismus. Wiedergutmachung; in: Meissl u. a. (Hg.), Verdrängte Schuld, verfehlte Sühne. Entnazifizierung in Österreich 1945–1955; Wien 1986

GEDYE, G. E. R., Als die Bastionen fielen. Wie der Faschismus Wien und Prag überrannte; Wien 1947

GERSHON, Karen, Postscript. A collective account of the lives of Jews in West Germany since the Second World War; London 1969

GOLDMANN, Nahum, Das jüdische Paradox. Zionismus und Judentum nach Hitler; Köln–Frankfurt 1978

HASLINGER, Josef, Politik der Gefühle. Ein Essay über Österreich; Darmstadt 1987

HAWLIK, J./HOFBAUER, E., Fremde in Wien. Kommunalpolitische Schriftenreihe des Dr.-Karl-Lueger-Instituts der Wiener Volkspartei; Wien 1982

HERZL, Theodor, Das neue Ghetto; Wien 1920

HILBERG, Raul, Die Vernichtung der europäischen Juden. Die Gesamtgeschichte des Holocaust; Berlin 1982

„HISTORIKERSTREIT". Die Dokumentation der Kontroverse um die Einzigartigkeit der nationalsozialistischen Judenvernichtung; München 1986[6]

HONIGMANN, Peter, Über den Umgang mit Juden und jüdischer Geschichte in der DDR; in: Arndt u. a. (Hg.), Juden in der DDR; Duisburg 1988, S. 101 ff

HORKHEIMER, M./ADORNO, T. W., Dialektik der Aufklärung; Frankfurt 1969

ISRAELITISCHE KULTUSGEMEINDE (Hg.), Bericht des Präsidiums der Israelitischen Kultusgemeinde Wien über die Tätigkeit in den Jahren 1945–1948; Wien 1948

—, Die Tätigkeit der Israelitischen Kultusgemeinde Wien in den Jahren 1952–1954; Wien 1955

—, Der Lebensbaum der Wiener Israelitischen Kultusgemeinde 1960–1964; Wien 1964

JACOBMEYER, Wolfgang, Die Lager der jüdischen Displaced Persons in den deutschen Westzonen 1946/47 als Ort jüdischer Selbstvergewisserung; in: Brumlik u. a. (Hg.), Jüdisches Leben in Deutschland seit 1945; Frankfurt 1986

JELLINEK, Gustav, Die Geschichte der österreichischen Wiedergutmachung; in: Fraenkel (Hg.), The Jews of Austria. Essays on their Life, History and Destruction; London 1967

JUNG, Jochen (Hg.), Vom Reich zu Österreich. Erinnerungen an Kriegsende und Nachkriegszeit; Salzburg 1983

KIDERLEN, Elisabeth (Hg.), Deutsch-jüdische Normalität ... Fassbinders Sprengsätze; Hamburg 1985

KNIGHT, Robert, „Ich bin dafür, die Sache in die Länge zu ziehen". Die Wortprotokolle der österreichischen Bundesregierung von 1945–1952 über die Entschädigung der Juden; Frankfurt 1988

KNOTT, Marie L. (Hg.), Zur Zeit. Politische Essays; Berlin 1986

KOHN, Hans, Karl Kraus. Arthur Schnitzler. Otto Weininger. Aus dem jüdischen Wien der Jahrhundertwende; Tübingen 1962

KONRAD, Helmut (Hg.), Sozialdemokratie und „Anschluß". Historische Wurzeln, Anschluß 1918 und 1938; Wien 1978

KREISKY, Bruno, Zwischen den Zeiten. Erinnerungen aus fünf Jahrzehnten. Berlin–Wien 1986

KUGELMANN, Cilly, Zur Identität osteuropäischer Juden in der Bundesrepublik; in: Brumlik u. a. (Hg.), Jüdisches Leben in Deutschland seit 1945; Frankfurt 1986

LEON, Abraham, Judenfrage und Kapitalismus; München 1971

LEVI, Primo, Wann, wenn nicht jetzt?; München 1986

–, Die Atempause; München 1988

LOHMANN, Hans-Martin (Hg.), Psychoanalyse und Nationalsozialismus. Beiträge zur Bearbeitung eines unbewältigten Traumas; Frankfurt 1984

MADEREGGER, Sylvia, Die Juden im österreichischen Ständestaat; Wien–Salzburg 1973

MATEJKA, Viktor, Widerstand ist alles. Notizen eines Unorthodoxen; Wien 1984

MEISSL, Sebastian/MULLEY, Klaus-Dieter/RATHKOLB, Oliver (Hg.), Verdrängte Schuld, verfehlte Sühne. Entnazifizierung in Österreich 1945–1955; Wien 1986

MELZER, Abraham (Hg.), Deutsche und Juden. Reden zum Jüdischen Weltkongreß; 1966

MENDEL, Hersch, Erinnerungen eines jüdischen Revolutionärs; Berlin 1979

MITSCHERLICH, Alexander und Margarete, Die Unfähigkeit zu trauern; München 1967

MITSCHERLICH-NIELSEN, Margarete, Die Notwendigkeit zu trauern; in: Lohmann (Hg.), Psychoanalyse und Nationalsozialismus; Frankfurt 1984, S. 15 ff

MOSER, Jonny, Österreichs Juden unter der NS-Herrschaft; in: Tálos u. a. (Hg.), NS-Herrschaft in Österreich 1938–1945; Wien 1988

MUHLEN, Norbert, The Survivors. A Report on the Jews in Germany Today; New York 1962

NASKO, Friedrich (Hg.), Karl Renner in Dokumenten und Erinnerungen; Wien 1982

OXAAL, Ivar/POLLAK, Michael/BOTZ, Gerhard (Hg.), Jews, Antisemitism and Culture in Vienna; London–New York 1987

PANZENBÖCK, Ernst, Ein deutscher Traum. Die Anschlußpolitik bei Karl Renner und Otto Bauer; Wien 1985

PELINKA, Anton, Windstille. Klagen über Österreich; Wien–München 1985

POHORYLES, Ronald/WANTOCH, Erika, 40 Jahre nach der Massenvernichtung, unveröffentl. Manuskript; Wien 1987

POLIAKOV, Léon, Geschichte des Antisemitismus. 7 Bde.; Worms 1977–1988

RAAB, Julius, Selbstporträt eines Politikers; Wien 1964

RABINBACH, Anson/ZIPES, Jack (Hg.), Germans and Jews since the Holocaust. The Changing Situation in West Germany; New York–London 1986

ROBERT, Joseph, Juden auf Wanderschaft; in: J. Roth, Werke, Bd.3; Köln 1976

ROBERT, Marthe, Die Revolution der Psychoanalyse; Frankfurt 1986

ROSENKRANZ, Herbert, Verfolgung und Selbstbehauptung. Die Juden in Österreich 1938–1945; Wien 1978

ROZENBLIT, M. L., The Jews of Vienna 1867–1914. Assimilation and Identity; Albany 1983

SAFRIAN, Hans/WITEK, Hans, Und keiner war dabei: Dokumente des alltäglichen Antisemitismus in Wien 1938; Wien 1988

SARTRE, Jean Paul, Betrachtungen zur Judenfrage; in: Drei Essays; Frankfurt 1979

—, Die Kindheit eines Chefs; Hamburg 1985

SCHÄRF, Adolf, Brennende Fragen. Der geistige Arbeiter in der Zweiten Republik; Wien 1952

—, Österreichs Erneuerung 1945–1955. Das erste Jahrzehnt der Zweiten Republik; Wien 1955

SCHNITZLER, Arthur, Der Weg ins Freie; Frankfurt 1961

—, Jugend in Wien. Eine Autobiographie; Frankfurt 1981

SCHOLEM, Gershom, Judaica Bd. 2; Frankfurt 1970

SCHORSKE, Carl E., Wien. Geist und Gesellschaft im Fin-de-Siècle; Frankfurt 1982

SCHULTZ, Hans (Hg.), Mein Judentum; Stuttgart 1978

SICHROVSKY, Peter, Wir wissen nicht, was morgen wird, wir wissen wohl, was gestern war. Junge Juden in der BRD und Österreich; Köln 1985

SILBERMANN, A./SCHOEPS, J. H. (Hg.), Antisemitismus nach dem Holocaust. Bestandsaufnahme und Erscheinungsformen in deutschsprachigen Ländern; Köln 1986

SIMON, Joseph T., Augenzeuge. Erinnerungen eines österreichischen Sozialisten; Wien 1979

SPIRA, Leopold, Feindbild „Jud". 100 Jahre politischer Antisemitismus in Österreich; Wien 1981

STADLER, Friedrich (Hg.), Vertriebene Vernunft 1. Emigration und Exil österreichischer Wissenschaft 1930–1940; Wien 1987

STADLER, Karl R., Adolf Schärf. Mensch. Politiker. Staatsmann; Wien 1982

STIEFEL, Dieter, Entnazifizierung in Österreich; Wien 1981

TÁLOS, Emmerich/NEUGEBAUER, Wolfgang (Hg.), „Austrofaschismus". Beiträge über Politik, Ökonomie und Kultur 1934–1938; Wien 1984

TÁLOS, Emmerich/HANISCH, Ernst/NEUGEBAUER, Wolfgang (Hg.), NS-Herrschaft in Österreich 1938–1945, Wien 1988

THALBERG, Hans, Von der Kunst, Österreicher zu sein. Erinnerungen und Tagebuchnotizen; Wien–Köln–Graz 1984

THALMANN, Rita/FEINERMANN, Emmanuel, Die Kristallnacht; Frankfurt 1987

TIETZE, Hans, Die Juden Wiens. Geschichte–Wirtschaft–Kultur; Wien 1933

TORBERG, Friedrich, In diesem Sinne . . . Briefe an Freunde und Zeitgenossen; München–Wien 1981

–, Die Tante Jolesch oder Der Untergang des Abendlandes in Anekdoten; München 1983

WAECHTER-BÖHM, Liesbeth (Hg.), Wien 1945 davor/danach; Wien 1985

WALCH, Dietmar, Die jüdischen Bemühungen um eine materielle Wiedergutmachung durch die Republik Österreich; Salzburg 1969

WEIGEL, Hans, Es gibt keine Juden. Artikelserie und Reaktionen in „Heute" 6. 2., 13. 2., 20. 2. und 27. 2. 1960

–, Man kann nicht ruhig darüber reden. Umkreisung eines fatalen Themas; Graz 1986

WEINZIERL, Erika, Zu wenig Gerechte. Österreicher und Judenverfolgung 1938–1945; Graz 1985

WEINZIERL, Erika/SKALNIK, Kurt (Hg.), Das Neue Österreich; Graz 1975

WETZEL, Dietrich (Hg.), Die Verlängerung von Geschichte. Deutsche, Juden und der Palästinakonflikt; Frankfurt 1983

WIESENTHAL, Simon, Antisemitismus im Unterbewußtsein; in: Der Neue Weg, Nr. 35/36, 1. Oktober 1946

WILDER-OKLADEK, Friederike, The Return Movement of Jews to Austria after the Second World War (with special consideration of the return from Israel); Den Haag 1969

WISTRICH, Robert, Socialism and the Jews. The Dilemmas of Assimilation in Germany and Austria-Hungary; London-Toronto 1982

WITEK, Hans, „Arisierungen" in Wien. Aspekte nationalsozialistischer Enteignungspolitik 1938–1940; in: Tálos u. a. (Hg.), NS-Herrschaft in Österreich 1938–1945; S. 199 ff

ZEEMANN, Dorothea, When the Saints; in: Jung (Hg.), Vom Reich zu
Österreich; Salzburg 1983

ZWEIG, Stefan, Die Welt von gestern; Frankfurt 1970